《童溪易传》30卷　宋　王宗传

其书惟凭心悟，力斥象数之弊，与杨简慈湖易传宗旨相合。宋人说易皆受王弼影响，但胡程祖其义理而归诸人事，故似浅近而醇实。王宗传杨简祖其玄虚而索诸性天，故似高深而虚幻窅。明万历以后，动以心学说易，其源皆自王宗传杨简此二人。

《周易总义》20卷　宋　易祓

易祓谄事苏师旦，人不足重。然其书于经义多所发明。

《西谿易说》12卷　宋　李过

李过晚年丧明，冥心默索，不能与师友相订正，意所独造或不免毅然自为，而收视返听，用心刻挚，亦往往发先儒所未发。其乱经之罪与诂经之功，固约略可以相当也。

《丙子学易编》1卷　宋　李心传

所取惟王弼张子程子郭雍朱子五家之说，而以其父舜臣《易本传》之说证之，亦间附以己意

《易通》6卷　宋　赵以夫

或谓出黄绩之手。其书大旨在以不易变易二义明人事动静之准。

中华史学丛书

經史札記

戴逸 辑

中国人民大学出版社
·北京·

小　序

“文革”之岁，怒潮倏至，逃遁无计，坐而待毙。手头偶有《四库全书总目提要》一书，卷帙厚重，因知此书为戴震、邵晋涵、周永年诸儒精心校著，而纪晓岚集其成，为精粹不朽之作。批阅数页，日前被严厉批斗之苦，顿时消退。此后日与此书相伴，在挨批斗、作检讨、罚劳动及囚禁牛棚之后，即读此书自慰，聊作解忧忘危之计。后又延读诸子、《资治通鉴》、《史记》等书，并作札记。存稿既多，积累成帙，唯三次抄家与下放“五七干校”时散佚尚多。当时戏作一联：“读书只为解忧计，著文却成阶下囚。”盖余之得罪，实因“文革”前夕借调往中宣部，参与写作《海瑞罢官代表一种什么社会思潮?》，被指为假批判，真包庇，为对抗“文革”之“大毒草”也。此文由周扬指导，参与者龚育之、邢贲思、林甘泉与余四人。

往事如行云逝水，五十年过去，于予为刻骨铭心，常在记忆中。当年读经史诸书，未及深思熟虑，殊少心得，今日付梓，亦难避人之敝帚自珍耳。

戴逸

2016年7月11日

目　录

经　学

中国历代经学，汉代笃实谨严，其病在拘；晋至北宋流派纷乱，各自论说，其病在杂；两宋理学说经，超越汉唐，精研义理，各立门户，其病在悍；元明学派支分，攀援争斗，自立主张，驱除异己，务定一尊，其弊在党；清代实事求是，考据精确，说理细密，其弊在琐。

一、《易经》

1.《子夏易传》 11卷　唐以前人伪作　旧题　卜子夏作

唐时刘知幾、司马贞已明其伪，唐末又有张弧之伪作，而今之传本，又非张弧之本，伪中生伪，至一至再，难于辨析。《易》主象数而明义理，孔颖达宗王弼而黜郑玄，象数遂微。王应麟首辑郑注，仅一卷，后惠栋辑三卷，张惠言又作订补。

2.《周易郑康成注》 1卷　宋　王应麟编

3.《新本郑氏周易》 3卷　惠栋编

郑注亡于南北宋之间，王应麟辑其佚文，惠栋又加补正。

4.《陆氏易解》 1卷　明　姚士粦辑

此姚辑陆绩《周易》注也。

5.《周易注》 10卷 魏 王弼

阐明义理，使《易》不杂于术数者，弼与韩康伯深为有功。祖尚虚无，使《易》竟入于老庄者，弼与康伯亦不能无过。瑕瑜不掩，是其定评。

6.《周易正义》 10卷 唐 孔颖达疏

孔作《正义》，专崇王弼，众说皆废。此书对王注明有偏袒，然疏家之体，主于诠解注文，不欲有所出入，此通例也。《四库》馆臣对王弼注亦甚袒护。

7.《周易集解》 17卷 唐 李鼎祚

《新唐书·艺文志》作17卷，而晁公武、李焘称10卷已全，盖另有略例1卷、索隐6卷，略例、索隐后已亡失，而传本妄改10卷本为17卷。此书辑唐以前说《易》35家之佚文，是真可宝之古笈也，后人能见汉《易》者赖此书也。

8.《周易口诀义》 6卷 唐 史徵

稍保存一些唐以前《易》注的佚文。

9.《周易举正》 3卷 旧题 唐 郭京

北宋人伪作。

10.《易数钩隐图》 3卷 附《遗论九事》 1卷 宋 刘牧

为《易》学图书派之首倡者，其学出于种放、陈抟。

11.《周易口义》 12卷 宋 倪天隐

胡瑗讲《易》之口说，其弟子倪天隐所录。说《易》以义理为宗，程颐颇受其影响。

12.《温公易说》 6卷 宋 司马光

为未完成稿本，已佚，从《永乐大典》辑出，反对王弼虚无玄渺之说，故于古今事物之情状，无不贯彻疏通，推阐深至。大都不袭先儒之旧说，平实简易，要如布帛菽粟之切于日用。

13.《横渠易说》 3卷 宋 张载

于义颇属未安。

14.《东坡易传》 9卷 宋 苏轼

是书实苏氏父子兄弟合作。其中不免杳冥恍惚，沦于异学。至其他推阐理势，言简意明，往往足以达难显之情，而深得曲譬之旨。盖大体近于王弼，而弼之说惟畅玄风，轼之说多切人事。其文辞博辨，足资启发，亦足珍视。

15.《易传》 4卷 宋 伊川程子

程子不信邵子之数，故邵子以数言《易》，而程子此传则言理，一阐天道，一切人事。

16.《易学辨惑》 1卷 宋 邵伯温

伯温为邵雍子，作此书以驳郑夬。从《永乐大典》辑出。

17.《了翁易说》 1卷 宋 陈瓘

陈瓘之学出于邵雍、刘安世。造语颇诘屈。

18.《吴园易解》 9卷 宋 张根

诠义理而不及象数，不袭河洛之谈。注文简略，亦无支蔓之弊。

19.《周易新讲义》 10卷 宋 耿南仲

《四库》斥其“经术之偏，祸延国事”（指耿南仲主和事），然大致“因象诠理，随事示戒，亦往往切实有裨”。

20.《紫岩易传》 10卷 宋 张浚

“立言醇粹”，但专主刘牧图书之学。

21.《读易详说》 10卷 宋 李光

“书中于卦爻之辞，皆即君臣立言……切实近理”。从《大典》辑出。

22.《易小传》 6卷 宋 沈该

23.《汉上易集传》 11卷 《卦图》 3卷 《丛说》 1卷 宋 朱震

“得失互陈”。

24.《周易窥余》 15卷 宋 郑刚中

兼取汉儒之学，其解义稍异先儒，而亦往往有当于理。

25.《易璇玑》 3卷 宋 吴沆

26.《易变体义》 12卷 宋 都絜

务为穿凿，以求合乎卦变之说，而义亦不醇。又多引老庄之辞以释文、周之经，则又王弼、韩康伯之流弊，一变而为王宗传、杨简者矣。

27.《周易经传集解》 36卷 宋 林栗

林栗说《易》攻朱熹，为士类不齿，而《四库》颇回护之，称“辞色相轧，两不肯下，遂互激而成讦奏，盖其衅始于论《易》”，又称“持论颇为平允”。

28.《易原》 8卷 宋 程大昌

虽排斥众论，务申己说，不能脱南宋之风气，然其参互折衷，皆能根据《大传》，于《易》义亦有所阐明。从《大典》辑出。

29.《周易古占法》 1卷 《古周易章句外编》 1卷 宋 程迥

30.《周易本义》 12卷 附《重刻周易本义》 4卷 宋 朱子

是书唯论其篇章之分合，不加评论。《四库》馆臣隐贬朱熹此书。

31.《郭氏家传易说》 11 卷　宋　郭雍

剖析义理，与程《传》相似。

32.《周易义海撮要》 12 卷　宋　李衡

房审权作《周易义海》一百卷，摘取历代说《易》之专明人事者百家，上起郑玄，下迄王安石。唯卷帙繁多，其书已佚。李衡删为此书，采撷精华。使古书不没于后世，衡之功也。

33.《南轩易说》 3 卷　宋　张栻

唯著录其传流渊流，《四库》馆臣不加评论。

34.《复斋易说》 6 卷　宋　赵彦肃

彦肃说《易》在即象数以求义理，以六画为主。故其言曰：先圣作《易》，有画而已；后圣系之，一言一字皆自画中来。譬如画师传神，非画烟云草木比也。然则彦肃冥思力索，固皆研搜爻义，务求其所以然耳。其沉潜于《易》中，犹胜支离于《易》外矣。

35.《杨氏易传》 20 卷　宋　杨简

简之学出陆九渊，故其解《易》，惟以人心为主，而象数事物，皆在所略。……自汉以来，以老庄说《易》始魏王弼，以心性说《易》始王宗传及简。

36.《周易玩辞》 16 卷　宋　项安世

伊川《易传》惟阐义理，安世则兼象数而求之。其意欲于程《传》之外补所不及。从《大典》辑出。

37.《易说》 4 卷　宋　赵善誉

其论皆明白正大。从《大典》辑出。

38.《诚斋易传》 20卷 宋 杨万里

大旨本程氏，而多引史传以证之。……舍人事而谈天道，正后儒说《易》之病，未可以引史证经病万里也。

39.《大易粹言》 10卷 宋 方闻一

40.《易图说》 3卷 宋 吴仁杰

其说特为新异，迥与他人不合。

41.《古周易》 1卷 宋 吕祖谦

谈古《易》者，此书与吴仁杰书最晚出，而较仁杰为有据，或谓窃自吕大防，然祖谦非窃据人书者。

42.《易传灯》 4卷 宋 徐姓（佚其名）

“传灯”本释氏之语，乃取之以名经解，殊为乖谬。

43.《易裨传》 2卷 宋 林至

未免有主持稍过之处，而所论多中说《易》之弊。

44.《厚斋易学》 52卷 宋 冯椅

缕析条分，至为详悉，其蒐采亦博洽。《大典》本。

45.《童溪易传》 30卷 宋 王宗传

其书惟凭心悟，力斥象数之弊，与杨简《慈湖易传》宗旨相同。宋人说《易》皆受王弼影响，但胡、程祖其义理而归诸人事，故似浅近而醇实。王宗传、杨简祖其玄虚，而索诸性天，故似高深而虚幻。明万历以后，动以心学说《易》，其源始自王宗传、杨简此二人。

46.《周易总义》 20卷 宋 易祓

易祓谄事苏师旦，人不足重，然其书于经义实多所发明。

47.《西谿易说》 12卷 宋 李过

李过晚年丧明，冥心默索，不能与师友相订正，意所独造，或不免毅然自为，而收视返听，用心刻挚，亦往往发先儒所未发。其乱经之罪与诂经之功，固约略可以相当也。

48.《丙子学易编》 1卷 宋 李心传

所取惟王弼、张子、程子、郭雍、朱子五家之说，而以其父舜臣《易本传》之说证之，亦间附以己意。

49.《易通》 6卷 宋 赵以夫

或谓出黄绩之手。其书大旨在以不易、变易二义明人事动静之准。

50.《周易经传训解》 2卷 宋 蔡渊

但言其残缺，未加评论。

51.《易象意言》 1卷 宋 蔡渊

是书阐发名理，多本师传（指朱熹）。然兼数而言，则又西山（渊父蔡元定）之家学也。惟不废互体，与朱子之说颇异。

52.《周易要义》 10卷 宋 魏了翁

大旨主于以象数求义理，折中于汉学、宋学之间。故是编录，虽主于注疏释文，而采掇谨严，别裁精审，可谓剪除支蔓，独撷英华。

53.《东谷易翼传》 2卷 宋 郑汝谐

所谓《翼传》者，翼程子之《传》也。然亦时有异同。

54.《朱文公易说》 23卷 宋 朱鉴

朱鉴为朱熹嫡长孙。是书全采《语录》之文，以补《本义》之缺。

55.《易学启蒙小传》 1卷 附《古经传》 1卷 宋 税与权

阐明邵雍之说。

56.《周易辑闻》 6卷 附《易雅》 1卷 《筮宗》 1卷 宋 赵汝楳

疑《说卦》、《序卦》、《杂卦》皆为汉儒窜入……颠倒篇章，使经传混淆……于宋人《易》说之中，犹为明白笃实。

57.《周易详解》 16卷 宋 李杞

为李光、杨万里之以史证经派。惟多引老庄之文。从《大典》辑出。

58.《淙山读周易记》 21卷 宋 方实孙

取朱子《卦变图》别为《易卦变合图》，以补《易学启蒙》所未备。其说多主于爻象，不涉空谈。

59.《周易传义附录》 14卷 宋 董楷

以洛闽为宗。惟程颐《传》用王弼本，而朱熹《本义》用吕祖谦所定古本。楷割裂朱书以就程《传》，其后流风所及，专用程《传》矣。

60.《易学启蒙通释》 2卷 宋 胡方平

发明朱熹《易学启蒙》之旨。

61.《三易备遗》 10卷 宋 朱元昇

学本邵子。其言河图洛书，则祖刘牧。

62.《周易集说》 40卷 宋 俞琬

初主程朱，后自出新义。其说颇新奇。

63.《读易举要》 4卷 宋 俞琬

以朱子为宗，《易》图多本邵子。从《大典》辑出。

64.《周易象义》 16 卷　宋　丁易东

远绍旁搜，要归于变动不居之旨。因《易》象以明义，故曰《象义》。从《大典》辑出。

65.《易图通变》 5 卷 《易筮通变》 3 卷　宋　雷思齐

图书之学，实出道家，思齐又本道家衍说之，以附于《易》。

66.《读易私言》 1 卷　元　许衡

大旨多发明《系辞传》同功异位、柔危刚胜之义。

67.《易本义附录纂疏》 15 卷　元　胡一桂

以朱子《本义》为宗。

68.《易学启蒙翼传》 4 卷　元　胡一桂

与其父胡方平之书（见第 60 条）相出入，宗朱熹。方平主于明本旨，一桂主于辨异学。

69.《易纂言》 10 卷　元　吴澄

改《易经》字，多本古书。依傍胡瑗、程、朱之说。其解释经义，词简理明，融贯旧闻，亦颇赅洽，在元人说《易》诸家，吴澄为佼佼者矣。

70.《易纂言外翼》 8 卷　元　吴澄

一决于象，能尽破传注之穿凿，故言《易》者多宗之。从《大典》辑出。

71.《易原奥义》 1 卷 《周易原旨》 6 卷　元　宝巴

本程子之说。

72.《周易程朱传义折衷》 33 卷　元　赵采

其书虽宗宋学，而兼及象数。

73.《周易衍义》 16卷 元 胡震

序次颠倒，不谨严，然议论尚为平正。

74.《易学滥觞》 1卷 元 黄泽

谓王弼废象数，遁于玄虚；汉儒用象数，失于繁碎。故折中以酌其平。

75.《大易缉说》 10卷 元 王申子

力主数学，而持论与先儒迥异。于古来说《易》七百余家中，惟取六家：①河图洛书，②伏羲，③文王，④周公，⑤孔子，⑥周子《太极图》。

76.《周易本义通释》 12卷 元 胡炳文

据朱子《本义》，折衷是正，复采诸家《易》解，互相发明。

77.《周易本义集成》 12卷 元 熊良辅

78.《大易象数钩深图》 3卷 元 张理

皆为图，纯主陈抟先天之学。

79.《学易记》 9卷 元 李简

采录古代《易》说凡64家，仿李鼎祚《集解》、房审权《义海》之例。

80.《周易集传》 8卷 元 龙仁夫

据程朱者多，而能抒所心得，非如胡炳文等徒墨守遗文。

81.《读易考原》 1卷 元 萧汉中

其说出于邵氏。

82.《易精蕴大义》 12卷 元 解蒙

从《大典》辑出。

83.《易学变通》 6卷　元　曾贯

纯以义理说《易》。

84.《周易会通》 14卷　元　董真卿

采集各家说《易》者，兼搜博采，不主一说，务持义理象数之平。

85.《周易图说》 2卷　元　钱义方

图书派。

86.《周易爻变义蕴》 4卷　元　陈应润

自宋以后，毅然破陈抟之学者，自应润始。

87.《周易参义》 12卷　元　梁寅

融会程《传》、朱《本义》，平易近人。

88.《周易文诠》 4卷　元　赵汸

源出程朱，主于略数言理，亦兼用邵氏之学。

89.《周易大全》 24卷　明　胡广奉敕撰

此书钞录董楷《周易传义附录》、董真卿《周易会通》、胡炳文《周易本义通释》、胡一桂《易本义附录纂疏》四家。专主程朱，为明一代功令之书。

90.《易经蒙引》 12卷　明　蔡清

专以发明朱子《本义》为主，而多与《本义》异同。不全从《本义》而能发明《本义》者，莫若蔡清。

91.《读易余言》 5卷　明　崔铣

以程《传》为主，而兼采王弼、吴澄之说，与朱子《本义》颇有异同。大旨舍象数而阐义理，故谓陈抟所传图象皆衍术数，与《易》无干。

92.《易学启蒙意见》 5卷 明 韩邦奇

因朱子《易学启蒙》而阐明其说。

93.《易经存疑》 12卷 明 林希元

以朱子《本义》为主，多引用蔡清《蒙引》。

94.《周易辨录》 4卷 明 杨爵

狱中论《易》之作，多以人事为主，颇剀切著明。

95.《易象钞》 4卷 明 胡居仁

简明确切，不涉支离玄渺之谈。

96.《周易象旨决录》 7卷 明 熊过

以象为主。

97.《易象钩解》 4卷 明 陈士元

98.《周易集注》 16卷 明 来知德

知德独居二十九年成此书。其立说专取《系辞》中错综其数以论《易》象，自谓孔子没后而《易》亡，二千年有如长夜。信其说者颇多，攻之者亦不少。

99.《读易纪闻》 6卷 明 张献翼

献翼殆有狂易之疾，而其说《易》乃平正通达，笃实不支。

100.《八白易传》 16卷 明 叶山

专释六十四卦爻词，以诚斋《易传》为主，出入子史，佐以博辨。

101.《洗心斋读易述》 17卷 明 潘士藻

采掇李鼎祚《集解》、房审权《义海》，而以《义海》为主。

102.《易象管见》 9卷　明　钱一本

即卦爻以求象，即象以明人事，虽间有支蔓，而笃实近理者为多。自称用力几二十年。

103.《周易劄记》 3卷　明　逯中立

随笔记录，采之诸家者为多，其以己意论著者仅十之四五，然去取颇为精审。

104.《周易易简说》 3卷　明　高攀龙

以心言《易》。

105.《易义古象通》 8卷　明　魏濬

明末经学弥荒，此编独能博考旧文，兼存古义。

106.《周易像象述》 5卷　明　吴桂森

其学从钱一本来。

107.《易用》 5卷　明　陈祖念

108.《易象正》 16卷　明　黄道周

邵氏《皇极经世》之支流。

109.《兒易内仪》 6卷 《兒易外仪》 15卷　明　倪元璐

与黄道周书同为依经立训者也，大抵忧时感世，借《易》以抒其意。

110.《卦变考略》 1卷　明　董守谕

谈卦变之学。

111.《古周易订诂》 16卷　明　何楷

博而不精，然取材宏富，辞必有据。明人经解，空疏者多，此书犹足备采择者。

112.《周易玩辞困学记》 15 卷 明 张次仲

以义理为宗，尽废诸家义例与图画。

113.《易经通注》 9 卷 傅以渐、曹本荣奉敕撰

114.《日讲易经解义》 18 卷 康熙御定

115.《御纂周易折中》 22 卷 康熙

数者《易》之本，主数太过，使魏伯阳、陈抟之说窜而相杂，而《易》入于道家；理者《易》之蕴，主理太过，使王宗传、杨简之说溢而旁出，而《易》入于释氏。明永乐中官修《易经大全》，庞杂割裂，无所取裁。此书冠以《图说》，殿以《启蒙》，未尝不用数，而不以盛谈河洛，致晦玩占观象之原。冠以程《传》，次以《本义》，未尝不主理，而不以屏斥谶纬，并废互体、变爻之用。

116.《御纂周易述义》 10 卷 乾隆

推阐《周易折中》之蕴，于宋《易》、汉《易》酌取其平。

117.《读易大旨》 5 卷 孙奇逢

奇逢说《易》不显攻图书，亦无一字及图书，大意明义理，切近人事。

118.《周易稗疏》 4 卷 附《考异》 1 卷 王夫之

乃随笔札记，遇有疑义，乃为考辨，故不逐卦逐爻一一尽为之说。大旨不信陈抟、京房，于《先天》诸图、纬书、杂说皆排之甚力，而亦不空谈玄妙，附合老庄之旨。故言必征实，义必切理，于近时说《易》之家为最有根据。

119.《易酌》 14卷　刁包

以程《传》、《本义》为主。

120.《田间易学》 12卷　钱澄之（秉镫）

其学初从京房、邵康节入，故言数颇详，盖黄道周之余绪也。后乃兼求义理，参取王弼《注》、孔颖达《疏》、程子《传》、朱子《本义》，而大旨以朱子为宗。其说不废图，其说与元钱义方之论合。

121.《易学象数论》 6卷　黄宗羲

辨象学之伪，订数学之失。盖宗羲究心象数，故一一能洞晓其始末，因而尽得其瑕疵。与胡渭《易图明辨》均可谓有功《易》道者矣。

122.《周易象辞》 21卷　附《寻门余论》 2卷　《图书辨惑》 1卷　黄宗炎

力辟陈抟之学。

123.《周易筮述》 8卷　王宏撰

虽为筮蓍，而辟焦、京，立论悉本经义，较方技之流有别。

124.《仲氏易》 30卷　毛奇龄

大旨谓《易》兼五义：变易、交易、反易、对易、移易。其言甚辨，虽不免牵合附会、以词求胜之失，而大致引据古人，终不同于冥心臆测者也。

125.《推易始末》 4卷　毛奇龄

专言卦变。

126.《春秋占筮书》 3卷　毛奇龄

因《春秋》诸占以推三代之筮法。

127.《易小帖》 5卷 毛奇龄

毛奇龄说《易》之语，其门人编次，攻王弼、陈抟，申明汉儒之学。使儒者不敢以空言说经，实奇龄开其先河。

128.《乔氏易俟》 18卷 乔莱

推求人事，参以古今之治乱得失。盖诚斋《易传》之支流。

129.《读易日钞》 6卷 张烈

以朱子《本义》为宗。

130.《周易通论》 4卷 李光地

综论《易》理，在宋学中融会贯通，卓然成一家之说。

131.《周易观彖》 12卷 李光地

尊信古经，不从程朱改字，与程朱有异同而无背触也。

132.《周易浅述》 8卷 陈梦雷

作于戍所，行箧乏书，未能广览诸家。以明象为主，持论多切于人事，无诸家言心言天、幻窅支离之说。

133.《易原就正》 12卷 包仪

笃信陈抟《先天图》，持论颇偏，然发挥明简，词意了然，乃非抛荒经义、排比黑白、徒类算经者可比。

134.《大易通解》 15卷 《附录》 1卷 魏荔彤

反对扶阳抑阴之说，谓阴阳中皆有君子小人。

135.《易经衷论》 2卷 张英

专释六十四卦，以朱子《本义》为宗，坦易明白，不务艰深。

136.《易图明辨》 10卷 胡渭

胡渭，浙江德清人。力辨河图洛书为宋陈抟、邵雍所作，并非由龙马神龟由河中负出。他说《诗》、《书》、《礼》、《春秋》皆不可无图，惟《易》无所用图，六十四卦、二体、六爻之画即其图也。程朱理学皆信其说。此书最有功于《易》学之传承研究。

137.《合订删补大易集义粹言》 80卷 纳兰性德

138.《周易传注》 7卷 附《周易筮考》 1卷 李塨

猛烈攻击图书派。

139.《周易劄记》 2卷 杨名时

其学得自李光地。

140.《周易传义合订》 12卷 朱轼

因程《传》与朱《本义》有异同，参校以归于一是。

141.《周易玩辞集解》 10卷 查慎行

传黄宗羲之学。

142.《易说》 6卷 惠士奇

专宗汉学，以象为主。然有意矫王弼以来空言说经之弊，故征引极博，而不免稍失之杂。

143.《周易函书约存》 18卷 《约注》 18卷 《别集》 16卷 胡煦

卷帙较多。持论汉宋之间，与朱子颇有异同。

144.《易笺》 8卷 陈法

145.《楚蒙山房易经解》 16 卷 晏斯盛

146.《周易孔义集说》 20 卷 沈起元

147.《易翼述信》 12 卷 王又朴

以《彖》、《象》、《文言》诸传解释经义。

148.《周易浅释》 4 卷 潘思榘

149.《周易洗心》 9 卷 任启运

150.《丰川易说》 10 卷 王心敬

切近人事。

151.《周易述》 23 卷 《易汉学》 8 卷 《易例》 2 卷 清 惠栋

惠栋说《易》，专宗汉儒虞翻、郑康城，反对王弼和宋人之说。惠栋搜罗汉人《易》说，抉隐钩沉，不遗余力，笃于尊信，缀次古义，鲜下己见，其长在于嗜博尊古，其失亦在于驳杂泥古。

152.《周易虞氏义》 清 张惠言

专宗虞翻之学，精研《易》之象数。其解说虞氏之卦变消息在于循序渐进，谓阴阳之道变化之理，“此是穷理尽性之功也”。又把《易经》分作上下两篇，上篇明天道，言乾坤；下篇明人事，言泰否。颇有新意。

153.《易通释》《易章句》《易图略》 清 焦循

焦循，江苏甘泉人。他从事物发展的角度研探《周易》，认为《易经》中有“相错”、“旁通”、“时行”三义。“相错”即事物的对立统一，“旁通”即事物发展秩序，“时行”即事物发展的变化循环。他以经学的外衣建立了接近近代哲学的体系，又很强调实测，称“宇宙天地，实难尽知，惟实测可以渐知”。

154.《易纬稽览图》 2卷

为郑玄所注书。《大典》本。

155.《易纬辨终备》 1卷

所存寥寥数十言，又与旧史所引不合。《大典》本。

156.《易纬通卦验》 2卷

讹脱颇多，正文与注相混，与旧史经疏所引亦有异同。《大典》本。

157.《易纬乾元序制记》 1卷

疑古纬本无此书，后人于各纬中分析以成此书。《大典》本。

158.《易纬是类谋》 1卷

以韵语缀辑成文，与诸家所引并合，诸纬中略称完备。其间多言机祥推验，并及于姓辅名号。《大典》本。

159.《易纬坤灵图》 1卷

缺佚甚多。《大典》本。

谶纬并称，其实二者不同。谶者诡为隐语，预决吉凶。纬者，经之支流，衍及旁义。所谓圣人作经，贤者纬之。

二、《书经》

1.《尚书正义》 20卷　旧题　孔安国传

孔安国《传》之伪，自朱子以下，梅鷟、朱彝尊均攻之，至阎若璩而论定。

2.《洪范口义》 2卷　宋　胡瑗

说《洪范》，不取阴阳灾异象数图书，驳正注疏。《大典》本。

3.《东坡书传》 13卷　宋　苏轼

轼究心经世之学，明于事势，又长于议论，于治乱兴亡，披抉明畅，较他经独为擅长。朱子称其书解最好。洛闽诸儒以程子之故，与苏氏如水火，惟于此书有取焉。

4.《尚书全解》 40卷　宋　林之奇

贯穿史事，覃思积悟，实卓然成一家言。虽真赝错杂，不可废也。惟自序所述《尚书》始末，舛误特甚。

5.《郑敷文书说》 1卷　宋　郑伯熊

郑为永嘉学派之宗。是书虽为科举而作，而不落于俗学。惟信《书序》真为孔子作，故多误。

6.《禹贡指南》 4卷　宋　毛晃

引《尔雅》、《周礼》、《汉志》、《水经注》、《九域志》等以证古今山水之原委，颇为简明。

7.《禹贡论》 5卷　《后论》 2卷　《山川地理图》 2卷　宋　程大昌

程有地理癖，经筵进讲地理，孝宗厌之而罢官。然援据厘订，实为博洽。《大典》本。

8.《尚书讲义》 20卷　宋　史浩

以注疏为主，参考诸儒，而以己意融贯之。《大典》本。

9.《尚书详解》 26卷　宋　夏僎

渊源于林之奇。初与蔡氏《传》并行，后蔡盛而夏废。其书视蔡《传》稍冗，然反覆条畅，深究详绎，不失为说《书》之善本。以《大典》和浙本互校成帙。

10.《禹贡说断》 4卷　宋　傅寅

博引众说，断以己意，具有特解。以《大典》本、通志堂经解本互校成帙。

11.《书说》 35卷　宋　吕祖谦

吕居仁、林之奇、吕祖谦、时澜为一脉相承者。

12.《尚书说》 7卷　宋　黄度

据孔安国《传》。

13.《五诰解》 4卷　宋　杨简

杨简推本心学。又当字说盛行之后，喜穿凿字义，为新奇之论，然能驳正旧文，自抒心得，兼综群言。《大典》本。

14.《絜斋家塾书钞》 12卷　宋　袁燮

发明本心，反覆引申，颇能畅陆九渊之说。而于帝王治迹，尤参酌古今，一一标举其要领。《大典》本。

15.《书集传》 6卷　宋　蔡沈

朱子嘱蔡沈作，十年而成，本朱熹之意。疏通证明，较为简易。且渊源有自，大体终醇。元明以来最为盛行，此书为读《尚书》者共同推崇。

16.《尚书精义》 50卷　宋　黄伦

荟萃众说，依经胪列，不加论断。间有同异，亦两存之。每条列张九成之说及北宋24人之说，借此可考见宋人《书》说遗闻。《大典》本。

17.《尚书详解》 50卷　宋　陈经

多取古注疏，参以新意，与蔡氏颇有异同。自序颇近陆九渊六经注我之说。

18.《融堂书解》 20 卷　宋　钱时

表章《书序》，而不知《书序》为伪。《大典》本。

19.《洪范统一》 1 卷　宋　赵善湘

所释皇极、九畴，折衷于朱陆之间。《大典》本。

20.《尚书要义》 17 卷　《序说》 1 卷　宋　魏了翁

大抵取材于孔安国《传》、孔颖达《正义》。

21.《尚书集传或问》 2 卷　宋　陈大猷

其学出于慈湖。

22.《尚书详解》 13 卷　宋　胡士行

解经多以孔《传》为主。

23.《尚书表注》 2 卷　宋　金履祥

摭拾旧说，折中己意，与蔡《集传》颇有异同，然有窜改经文以就己意之处。

24.《书纂言》 4 卷　元　吴澄

宋吴棫《书裨传》始攻古文《尚书》，朱子《语录》亦疑其伪，然宋人据古文《尚书》立教，故不肯轻议之。其考定今文、古文，自陈振孙《尚书说》始。其分编今文、古文，自赵孟頫《书古今文集注》始。其专释今文，则自澄此书始。

25.《尚书集传纂疏》 6 卷　元　陈栎

疏通蔡《传》之意，纂辑诸家之说。宗朱。

26.《读书丛说》 6 卷　元　许谦

许谦，金履祥之弟子。自蔡《书传》出，学者宗其简易，谦独博核事实，不株守一家。

27.《尚书辑录纂注》 6卷　元　董鼎

宗朱。不满蔡氏《集传》，故特引朱子之说，补其缺失。

28.《尚书通考》 10卷　元　黄镇成

虽颇芜杂，然犹为以实用求书，不以空言求书者。

29.《书蔡传旁通》 6卷　元　陈师凯

发挥补充蔡氏《书传》。

30.《读书管见》 2卷　元　王充耘

所说与蔡氏多异同。

31.《书义断法》 6卷　元　陈悦道

为科举作。

32.《尚书纂传》 46卷　元　王天与

以朱子为宗（根据蔡氏《传》），以真德秀说为羽翼，于名物训诂多缺略，阐发义理则特详。

33.《尚书句解》 13卷　元　朱祖义

宗蔡《传》，为科举作。

34.《书传会选》 6卷　明　刘三吾等奉敕撰

明太祖以蔡《传》有不当处，令刘三吾等定此书。“凡蔡《传》之合者存之，不预立意见以曲肆诋排。其不合者则改之，亦不坚持门户以巧为回护。计所纠正凡六十六条。”

35.《书传大全》 10卷 明 胡广等奉敕撰

主蔡《传》，实即根据陈栎《纂疏》、陈师凯《旁通》，是书在《五经大全》中尚为差胜。

36.《尚书考异》 5卷 明 梅鷟

谓古文《尚书》25篇为皇甫谧所作，又谓孔安国序并增多之二十五篇悉杂取传记中语以成文，则指摘皆有依据。

37.《尚书疑义》 6卷 明 马明衡

38.《尚书日记》 16卷 明 王樵

主蔡《传》，又取金履祥《通鉴前编》事。

李维桢序称："《书》有古文、今文，今之解《书》者又有古义、时义。《书传会选》以下数十家是为古义，而经生科举之文不尽用。《书经大全》以下主蔡氏而为之说者，坊肆所盛行亦数十家，是为时义。"其言足括明一代之经术。

39.《尚书砭蔡编》 1卷 明 袁仁

纠蔡沈之误，有得有失。

40.《尚书注考》 1卷 明 陈泰交

从训诂纠正蔡《书传》。

41.《尚书疏衍》 4卷 明 陈第

笃信梅赜古文，反对梅鷟。

42.《洪范明义》 4卷 明 黄道周

沿《皇极经世》之余波，多牵合穿凿。

43.《日讲书经解义》 13卷　康熙

大学士库勒讷等奉诏以讲筵旧稿编次而成。

《尚书》一经，汉以来所聚讼者，莫过《洪范》之五行；宋以来所聚讼者，莫过《禹贡》之山川；明以来所聚讼者，莫过今文、古文之真伪。

44.《钦定书经传说汇纂》 24卷　康熙

宋以来《易》、《诗》、《春秋》皆有门户，惟《书》、《礼》无大异同。蔡《传》独盛。此书仍以蔡《传》居首，众说列后。

45.《书经稗疏》 4卷　王夫之

醇疵互见。

46.《古文尚书疏证》 8卷　阎若璩

古文《尚书》较今文多十六篇，其说绝无师承，实已佚。东晋初乃有25篇之出，自吴棫始疑之，朱熹、吴澄、梅鷟相继抉摘，其伪益彰。至若璩乃引经据古，一一陈其矛盾，所列128条，考证精严，反复厘析，古文之伪乃大明。

47.《古文尚书冤词》 8卷　毛奇龄

毛之要旨：①据《隋志》："晋世秘府存有古文《尚书》经文，今无有传者。及永嘉之乱，欧阳、大小夏侯《尚书》并亡。至东晋豫章内史梅赜，始得安国之《传》奏之。"奇龄以为梅赜所上者乃孔《传》而非古文《尚书》。其古文《尚书》，本传习人间而贾、马诸儒未之见。②二十五篇与马融、郑玄所传篇名不同，毛以为马、郑未见古文。③杜预、韦昭所引《逸书》见于伪古文，而毛以为所谓《逸书》非佚，乃不立学官之谓也。毛说实强词夺理。

48.《尚书广听录》 5卷　毛奇龄

为辨证三代事实而作。坚护孔《传》。

49.《尚书埤传》 17卷 朱鹤龄

以孔《传》为真。

50.《禹贡长笺》 12卷 朱鹤龄

不如胡渭书之精博。

51.《禹贡锥指》 20卷 《图》 1卷 胡渭

宋以来注《禹贡》者数十家，精核典赡，此为冠矣。

52.《洪范正论》 5卷 胡渭

谓汉儒推衍五行，穿凿附会，其病一。宋儒创黑白之点、方圆之体、九十之位，变书为图，纷纭更定，其病二。王柏、胡一中任意改经，其病三。

53.《尚书解义》 1卷 李光地

不以训诂见长，辞旨简约而多有精义，信伪古文。

54.《尚书后案》 清 王鸣盛

阎若璩既证古文《尚书》为伪本，铁案如山，王鸣盛踵其后，欲恢复此书之真面目，乃遍搜群书，钩沉索隐，寻觅郑康城之旧注，以改正经文。

55.《今文尚书考正》 清 皮锡瑞

皮锡瑞为今文学家，以伏生所授今文《尚书》传承确切，源源本本，足以取信后人，因以伏生《尚书大传》为主，取各家之说作参证，编成此书。

56.《书义矜式》 6卷 元 王充耘

经义程式。

57.《书古文训》 16卷　宋　薛季宣

所载经文均以古文奇字书之。唐时有人伪造古字，宋人崇尚之，薛书盖即此类也。

58.《书疑》 9卷　宋　王柏

柏之学，名出朱子，实则师心，与朱子之谨严绝异。《尚书》一经，疑古文者自吴棫、朱子始，并今文而疑之者自赵汝谈始，改定《洪范》自龚鼎臣始，改定《武成》自刘敞始，其并全经而移易补缀者自柏始。案刘向校经，始言书有脱简错简，而柏即据此言，随意臆改经文。

59.《古洪范》 1卷　宋　贺成大

据朱子《大学》分经传之例，分《洪范》全文为经为传，谓之《洪范》古本，纯出臆断。《大典》本。

三、《诗经》

1.《诗序》 2卷

《诗序》作者问题聚讼最多：①郑玄（《大序》子夏作，《小序》子夏、毛公合作）；②王肃（子夏所序《诗》即今《毛诗序》）；③《后汉书·儒林传》（卫宏作）；④《隋书·经籍志》（子夏创，毛公、卫宏润益）；⑤韩愈（子夏不序《诗》）；⑥成伯玙（子夏惟裁初句，以下出于毛公）；⑦王安石（诗人自作）；⑧程颢（《小序》为国史旧文，《大序》为孔子作）；⑨王得臣（首句即为孔子所题）；⑩曹粹中（毛公门人作）；⑪郑樵、王质、朱熹（村野妄人作）。

2.《毛诗正义》 40卷　汉　毛亨传　郑玄笺　唐　孔颖达疏

《隋志》作毛苌传。惟郑玄《诗谱》、陆玑《毛诗草木鸟兽虫鱼疏》，皆云毛亨传。郑《笺》宗毛，毛义若隐略，则更表明，如有不同，即下己意，使可识别。郑《笺》既行而齐、鲁、韩三家之说废。王肃又驳难郑《笺》。孔颖达作《正义》，宗郑《笺》。孔书以刘炫、刘焯之书为稿本，故能融贯群言，包罗古义，终唐之世无异说。宋郑樵始发难端，南宋诸儒继之掊击毛、郑。明胡广作《大全》，专用朱《传》，汉学遂亡。清初而毛、郑之说复盛。

3.《毛诗草木鸟兽虫鱼疏》 2卷 吴 陆玑

陆玑非陆机，《经典释文》明言其履历，此书从《诗正义》辑出。

4.《毛诗陆疏广要》 2卷 吴 陆玑

明毛晋注。

5.《毛诗指说》 1卷 唐 成伯玙

共4篇：①兴述，②解说，③传授，④文体。定《诗序》首句为子夏所传，其下为毛苌所续。

6.《毛诗本义》 16卷 宋 欧阳修

宋议毛、郑自欧阳修始。

7.《诗集传》 20卷 宋 苏辙

以《小序》反复繁重，类非一人之词，疑为毛公之学，卫宏之所集录。因惟存其发端一言，而以下余文悉从删汰。按古人说《诗》，率以一语括其旨。韩《诗》、鲁《诗》均然，辙取《小序》首句为毛公之学，不为无见。《后汉书·儒林传》及成伯玙之见与苏辙相似。

8.《毛诗名物解》 20卷 宋 蔡卞

宋王安石之《字说》，有所发明。

9.《毛诗集解》 42卷 佚名

集宋李樗、黄櫄而附以李泳所订吕祖谦《释音》。

10.《诗补传》 30卷 旧题 逸斋

盖为范处义所作，尊《诗序》。

11.《诗总闻》 20 卷　宋　王质

南宋初废《诗序》者三家：郑樵、朱熹及王质。郑、朱之说最著，亦最与当代相辨难。质说毅然自用，别出新裁，坚锐之气，乃视二家为加倍。自称覃精研思几三十年，始成是书。

12.《诗集传》 8 卷　宋　朱熹

朱熹注《诗》凡两易稿，初宗《小序》，后乃改从郑樵之说。此后说《诗》者分宗《序》、攻《序》两家。

13.《慈湖诗传》 20 卷　宋　杨简

本孔子无邪之旨，反复发明。以《小序》出自卫宏，并诋《左传》、《尔雅》、陆德明、郑康成、子夏，然折衷同异能自成一家之言。

14.《吕氏家塾读诗记》 32 卷　宋　吕祖谦

吕氏初与朱熹论《诗》最合，故此书有采朱熹之语，惟朱后从郑樵说，反与吕相左。陈振孙称此书博采诸家，存其名氏。先列训诂，后陈文义，翦裁贯穿，如出一手。有所发明，则别出之。《诗》学之详正，未有逾于此书者。魏了翁则称其能发明诗人躬自厚而薄责于人之旨。

15.《续吕氏家塾读诗记》 3 卷　宋　戴溪

实戴自述己意，非尽墨守吕氏之学，大旨不甚主《小序》。《大典》本。

16.《絜斋毛诗经筵讲义》 4 卷　宋　袁燮

议论和平，颇得风人本旨。于振兴恢复之事，尤再三致意。《大典》本。

17.《毛诗讲义》 12 卷　宋　林岊

笃信毛、郑。《大典》本。

18.《诗童子问》 10卷 宋 辅广

辅广为朱熹门人。是书羽翼《诗集传》，以述平日闻于朱子之说，多掊击《诗序》。

19.《毛诗集解》 25卷 宋 段昌武

仿吕氏《读诗记》，而词义较为浅显。

20.《诗缉》 36卷 宋 严粲

以吕氏《读诗记》为主，而杂采诸说发明之。音训、名物考证尤为精核。与吕书并称善本。

21.《诗传遗说》 6卷 宋 朱鉴

取朱子《文集》、《语录》论《诗》之语汇编而成。

22.《诗考》 1卷 宋 王应麟

集齐、鲁、韩三家佚文。

23.《诗地理考》 6卷 宋 王应麟

考证《诗》中的地名。

24.《诗集传名物钞》 8卷 元 许谦

谦虽师王柏，而醇正远过其师，是书所考名物、音训颇有根据。

25.《诗传通释》 20卷 元 刘瑾

是书为发明朱熹《诗集传》，与辅广之书相同。后为胡广《诗经大全》之蓝本。陈启源作《毛诗稽古编》，多所驳诘。

26.《诗传旁通》 15卷 元 梁益

此书为朱《集传》所引故实，一一引据出处，辨析原委。

27.《诗经疏义》 20卷　元　朱公迁

墨守朱子，不逾尺寸。

28.《诗疑问》 7卷　附《诗辨说》 1卷　元　朱倬

29.《诗缵绪》 18卷　元　刘玉汝

发明朱《集传》。《大典》本。

30.《诗演义》 15卷　元　梁寅

推演朱《集传》之义，浅显易见，切近不支，为幼学而作。

31.《诗解颐》 4卷　明　朱善

推衍朱《集传》，借《诗》立训，不甚训诂字句。

32.《诗经大全》 20卷　明　胡广等奉敕撰

北宋以前，说《诗》者无异学。欧阳修、苏辙以后，别解渐生。郑樵、周孚以后，争端大起。绍兴、绍熙之间，左右佩剑，相笑不休。迄宋末年，乃古义黜而新学立。故有元一代之说《诗》者，无非朱《传》之笺疏。至延祐行科举法，遂定为功令。而明制因之。广等是书，亦主于羽翼朱《传》，乃剽窃刘瑾之书而稍损益之。

33.《诗说解颐》 40卷　明　季本

多出新意，不肯剽袭前人，而征引该洽，亦颇足以自申其说。

34.《读诗私记》 2卷　明　李先芳

大多从毛、郑，毛、郑难通，则从吕氏《读诗记》、严氏《诗缉》，折衷汉宋。

35.《诗故》 10卷　明　朱谋玮

以汉学为主，与朱氏《集传》多所异同。

36.《六家诗名物疏》 54卷 明 冯应京

因宋蔡卞《诗名物疏》而广之。所谓六家指齐、鲁、毛、韩、郑《笺》、朱《传》。

37.《诗经疑问》 12卷 明 姚舜牧

兼用毛《传》、朱《传》、严《缉》，时亦自出新论。舜牧于诸经皆有疑问，惟此编差善。

38.《诗经世本古义》 28卷 明 何楷

依时代编次，始于夏少康，终于周敬王，牵强附会，然名物训诂，考证详明。

39.《待轩诗记》 8卷 明 张次仲

40.《读诗略记》 6卷 明 朱朝瑛

以《小序》首句为主。

41.《钦定诗经传说汇纂》 20卷 《序》 2卷 康熙

《诗序》自古无异说，合《序》言《诗》，始于欧阳修、郑樵、朱熹、辅广以下，递相羽翼。永乐修《大全》，取刘瑾之书，朱说独尊，然数百年来，诸儒尚窃相辨诘。是书以《集传》为纲，而亦不废古义。

42.《钦定诗义折中》 20卷 乾隆

分章多准康成，征事率从《小序》。

43.《田间诗学》 12卷 钱澄之

以《小序》首句为主，自《注疏》、《集传》以外采录20家之说。

44.《诗经稗疏》 4卷 王夫之

辨正名物训诂，以补传笺诸说之遗。

45.《诗经通义》 12卷 朱鹤龄

专主《小序》，力驳朱熹废《序》之非，称《序》乃一《诗》之纲领，废《序》则不能通《诗》。

46.《毛诗稽古编》 30卷 陈启源

训诂准《尔雅》，篇义准《小序》，诠释准毛《传》而佐以郑《笺》，名物准陆玑。所辨正者朱子《集传》为多，欧阳修《诗本义》、吕祖谦《读诗记》次之，严粲又次之。所掊击者刘瑾为甚，辅广次之。坚持汉学，不容一语出入，引据赅博，疏证详明，但其中释西方美人谓是佛教，为不伦矣。

47.《诗所》 8卷 李光地

主推求诗意，涵泳文句，得其美刺之旨，然臆测多，考证少，在光地经说中较为次乘。

48.《诗毛氏疏传》 清 陈奂

从古籍中博采广求，证《诗经》毛序为出自孔子之门，极力尊毛而又收集清儒考《诗》之作，成传世之新疏。

49.《诗识名解》 15卷 姚炳

迂固，如凤凰世所未见，而连篇累牍辨其形状之同异。

50.《诗传名物辑览》 12卷 陈大章

征引繁富而考证不足，体近类书。

51.《诗说》 3卷 惠周惕

于毛《传》、郑《笺》、朱《传》，无所专主。

52.《诗经劄记》 1卷 杨名时

以光地为宗，斟酌于《小序》、朱《传》之中。

53.《读诗质疑》 31 卷 《附录》 15 卷 严虞惇

从《小序》者十之七八，从《集传》者十之二三，以推求《诗》意为主，略于名物训诂。

54.《毛诗类释》 21 卷 《续编》 3 卷 顾栋高

采录旧说，颇为谨严。

55.《诗疑辨证》 6 卷 黄中松

主于考订名物，折中诸说之是非。

56.《三家诗拾遗》 10 卷 范家相

因王应麟之书重编，较王书详赡。

57.《诗渖》 20 卷 范家相

家相学出于毛奇龄。毛盛气诘驳，而家相持论和平。是书为释《诗》者，斟酌于《小序》、朱《传》之间，而断以己意。

58.《诗序补义》 24 卷 姜炳璋

以《诗序》首句为国史所传。

59.《虞东学诗》 12 卷 顾镇

调停《小序》与《集传》。

60.《韩诗外传》 10 卷 汉 韩婴

杂引古事古语，证以诗词与经义不相比附，故曰《外传》。所采多与周秦诸子相出入。

四、《周礼》

1.《周礼注疏》 42 卷 汉 郑玄注 唐 贾公彦疏

于五经中最晚出，汉武时河间献王上之，所言周制与《孟子》等不合，人疑其伪。《四库》以为是书出于周公，但官制典章代有兴革，故不尽同于古书，但此书后人增益者不少耳。郑玄精于三《礼》，所释特精，惟好引纬书，是其一短。贾疏亦博洽。故朱子称五经疏中《周礼疏》最好。

2.《周官新义》 16卷 附《考工记解》 2卷 宋 王安石

熙宁中置经义局撰《三经义》，皆本王安石《经说》，《书》、《诗》皆亡，此书幸存于《大典》，为王安石手著。王行新法，附会经义以钳儒者之口。此书惟训诂多用《字说》，病其牵合。其余依经诠义。其说多为后儒所采，不可以人废言。《大典》本。

3.《周礼详解》 4卷 宋 王昭禹

其学宗王安石，亦有不尽同者，如反对青苗，宋人说《周礼》者多引其说。

4.《周礼复古编》 1卷 宋 俞庭椿

谓五官所属皆六十，不得有羡，其羡者皆取以补《冬官》。凿空臆断，其谬妄殆不足辨。……复古之说始于庭椿，邱葵、吴澄皆袭其谬，遂有《冬官》不亡之一派。

5.《礼经会元》 4卷 宋 叶时

叶时献策函侂胄之首以乞和。书共百篇，与郑伯谦《太平经国之书》体例略同。①时欲复封建、井田、肉刑，颇迂阔。②谓补以《考工记》为累《周礼》。③反对郑玄注。④谓《冬官》散见五官中（即俞庭椿之说）。

6.《太平经国之书》 11卷 宋 郑伯谦

共30目，推明建官之所以然。参证后代史事，以明古法之善。时武统于文，相权极重，郑尚欲重宰相之权。又南宋歌舞湖山，而郑深斥汉文之节俭，毋乃为谄贾似道以干进乎？但贯通经义，颇有发明。

7.《周官总义》 30卷 宋 易祓

研索经文，断以己意，与先儒颇有异同。祓虽人品卑污，而于经义，则颇有考据，不以韩侂胄、苏师旦故，掩其著书之功也。

8.《周礼订义》 80卷 宋 王与之

采旧说凡51家，唐以前仅杜子春、郑兴、郑众、郑玄、崔灵恩、贾公彦6家，余皆宋人，盖以当代诸儒为主。其学本于程颐、张载，以义理为本，典制为末。又主俞庭椿《冬官》未亡之说。45家之《周官》说，今佚十之八九，借此可以考见。

9.《鬳斋考工记解》 2卷 宋 林希逸

为注《考工》之最古本，明白浅显，初学易于寻求。

10.《周礼句解》 12卷 宋 朱申

逐句诠释，大略根据注疏，义取简约，虽循文诂义，无大发明，而较之窜乱古经横生新义者，犹不失谨严之意。

11.《周礼集说》 10卷 佚名

陈友仁因宋人旧本重辑，分条阐说，极为赅洽。所引旧说，俱能撷其精粹，而于王安石之说采摘尤多。

12.《周官集传》 16卷 元 毛应龙

于诸家训释，引据颇博，散佚之说，借存崖略。《大典》本。

13.《周礼传》 10卷 《图说》 2卷 《翼传》 2卷 明 王应电

谓《周礼》自宋以后，胡宏、季本各著书指摘其瑕衅，至数十万言，俞寿翁、吴澄则以为《冬官》不亡、杂见于五官中而更次之，近世何乔新、陈凤梧、舒芬亦各以己意更定。然此皆诸儒之《周礼》也。

论说颇醇正，虽略于考证，而义理多所发明。大抵三书，多参臆说不尽可从。以《周礼》、《仪礼》，至明几为绝学，故取长弃短，略采数家，以姑备一朝之经术。

14.《周礼注疏删翼》 30 卷　明　王志长

删郑《注》、贾《疏》繁文，又杂引诸家之说以发明其义。

《周礼》一书，得郑《注》而训诂明，得贾《疏》而名物制度考究大备，后有作者弗能越也。周、张、程、朱自度征实之学必不能出汉唐之上，故虽盛称《周礼》，而皆无笺注之专书。其传于今者，王安石、王昭禹始推寻于文句之间；王与之始脱略旧文，多辑新说；叶时、郑伯谦始别立标题，借经以抒议。其于经义，盖在离合之间。于是考证之学始变为论异之学，而郑、贾几乎从祧矣。

15.《周礼全经释原》 14 卷　明　柯尚迁

取俞庭椿说。

16.《钦定周官义疏》 48 卷　乾隆

17.《周礼述注》 24 卷　李光坡

李光地之弟，取注疏之文，删繁举要，以溯训诂之源。又旁采诸家，参以己意，以阐著作之意。措词简要。

18.《周礼训纂》 21 卷　李锺伦

李光地之子，得其父叔及梅文鼎、何焯、徐用锡、王之锐、陈万策指授，学有本源。惟于名物度数，往往考之弗详。

19.《周官集注》 12 卷　方苞

谓《周官》非记礼之文。持论醇正。

后苞著《周官辨》10 篇，指《周官》为刘歆窜改以媚王莽。

20.《礼说》 14 卷　惠士奇

宗郑，征引博而皆有本原，辨论繁而悉有条理。

21.《周官禄田考》 3卷 沈彤

欧阳修谓《周礼》官多田少，禄且不给，沈彤作此辩驳。其说精密淹通，可谓特出之作。

22.《周礼疑义举要》 7卷 江永

融会郑《注》，参以新说，于经义多所阐发。其解《考工记》二卷，尤为精核。

23.《周礼正义》 清 孙诒让

《周礼》一书，聚讼纷纭，有说周公所作，有说为“六国阴谋之书”，孙氏信为周公作。博采先儒旧注，参互证译成此书。他生于晚清大变动之世，深信《周礼》一书中即有西人的各种学问。他说《周礼》一经政治之精详，即今西方各国所以致富强之道，故此书赞成变法改革。章太炎称誉此书为“古今言礼者莫之先也”。

五、《仪礼》

1.《仪礼注疏》 17卷 汉 郑玄注 唐 贾公彦疏

《仪礼》有三本，戴德、戴圣、刘向《别录》。郑注从刘向。经文有今古文，玄注参用二者。自玄后，王肃亦有注，已佚。贾公彦仅据齐黄庆、隋李孟悊二家之疏。《仪礼》文古义奥，传习者少，注释者亦代不数人。

2.《仪礼识误》 3卷 宋 张淳

根据宋代各种刊本，参以陆氏《释文》、贾氏《疏》，加以校定。因举所改字句，汇为此书。《大典》本。

3.《仪礼集释》 30卷 宋 李如圭

宋自熙宁中废罢《仪礼》，学者鲜治是经。如圭全录郑《注》而旁征博引以为之释，多发贾《疏》所未备。《大典》本。

4.《仪礼释宫》 1卷 宋 李如圭

考古人宫室之注。《大典》本。

5.《仪礼图》 17卷 《仪礼旁通图》 1卷 宋 杨复

共图250。依经绘图，用心勤挚。但此书对古人宫室未详考，故各图无所附丽，似满屋散钱，纷无条贯。

6.《仪礼要义》 50卷 宋 魏了翁

《仪礼》最难读，诸儒训诂亦稀。郑《注》古奥，猝不易通；贾《疏》繁复。了翁此书取而删剟之。《仪礼》训诂备于郑、贾，郑、贾精华备于此书。

7.《仪礼逸经传》 2卷 元 吴澄

掇拾逸经，以补《仪礼》之遗。凡经八篇，皆辑自大小戴《礼记》及郑玄《三礼注》。

8.《仪礼集说》 17卷 元 敖继公

不满郑《注》，加以删补，对后世影响较大。

9.《经礼补逸》 9卷 元 汪克宽

取古笈中涉礼者，以吉、凶、军、宾、嘉五礼统之。克宽究心道学，于礼家度数非所深求，于著书体例亦不甚讲。

10.《钦定仪礼义疏》 48卷 乾隆

大旨以敖继公所说为主。

11.《仪礼郑注句读》 17卷 附《监本正误石经正误》 2卷 张尔岐

取郑《注》为之句读，并参校石刻及诸书，考证甚详。顾炎武称“独精三《礼》，卓然经师，吾不如张稷若”。

12.《仪礼商》 2卷 《附录》 1卷 万斯大

取《仪礼》17篇，篇为之说，颇有新义，而亦勇于信心。

13.《仪礼述注》 17卷 李光坡

取郑《注》、贾《疏》，总撮大义，而节取其辞。亦间取诸家异同之说，附于后。

三《礼》之学，至宋而微，至明殆绝。《仪礼》尤世所罕习。盖《周礼》犹可谈王谈霸，《礼记》犹可言诚言敬，《仪礼》则全为度数节文，非空辞所可敷演，故讲学家避而不道。

14.《仪礼析疑》 17卷 方苞

苞于三《礼》之学，晚年自谓治《仪礼》十一次，用力良勤，然亦颇勇于自信。用功既深，发明处亦复不少。

15.《仪礼章句》 17卷 吴廷华

以张尔岐句读过于墨守郑《注》，章分句释，笺疏明简。

16.《补飨礼》 1卷 诸锦

取旧笈中关于飨礼者，以补17篇之缺。

17.《礼经本义》 17卷 蔡德晋

18.《宫室考》 13卷 任启运

于李如圭《释宫》之外别为类次，考据详核。

19.《肆献祼馈食礼》 3卷 任启运

20.《仪礼释宫增注》 1卷 江永

取《释宫》为之详注，多所发明。

21.《仪礼小疏》 1卷 沈彤

彤三《礼》之学，亚于惠士奇而醇于万斯大。此书则亚于《周官禄田考》，而密于《尚书小疏》。

22.《仪礼集编》 40卷 盛世佐

辑古今说《仪礼》者197家，而断以已意。持论谨严，辨证尤详。

23.《内外服制通释》 7卷 宋 车垓

仿朱熹《家礼》。

24.《读礼通考》 120卷 徐乾学

言丧礼极详，分八类，后秦蕙田即因其义例而修《五礼通考》。

六、《礼记》

1.《礼记正义》 63卷 汉 郑玄注 唐 孔颖达疏

汉初，河间献王得仲尼弟子及后学者所记132篇献之。刘向校经籍，增至214篇。戴德删为85篇，谓之《大戴记》。戴圣删大戴书为49篇(一说删为46篇，后马融又增3篇)。传小戴之学者，有桥仁、杨荣、刘佑、高诱、郑玄、卢植。元代科举，《礼记》用郑玄《注》。《永乐大全》改用陈澔《集说》，礼学遂荒。

孔颖达疏系根据皇侃、熊安生两家。

2.《月令解》 12卷 宋 张虙

《月令》，马融、贾逵、蔡邕、王肃、孔晁、张华皆以为周公作，郑玄、高诱以为吕不韦作。张虙书辞义晓畅。

3.《礼记集说》 160卷 宋 卫湜

用力三十余年，采摭群言，最为赅博，去取亦最为精审。所取144家，除注疏外，原书无一存者，可云礼家之渊海。

4.《礼记纂言》 36 卷　元　吴澄

以《戴记》经文庞杂，重加编次，只取 36 篇，虞集甚推重此书。《四库》讥其僭圣，然“排比贯串，颇有伦次，所解亦时有发明，较诸王柏删《诗》，尚为有间”。

5.《云庄礼记集说》 10 卷　元　陈澔

《礼记》郑注简奥，孔《疏》典赡，卫《说》繁富，均不似陈澔此书浅显简便。故明初立为官学。澔所短者在不知礼制当有证据，礼意当有发明，而笺释文句，一如注《孝经》、《论语》之法，故用为训蒙则有余，求以经术则不足。朱彝尊讥为兔园册子。

6.《礼记大全》 30 卷　明　胡广

以陈澔为主，采掇诸说 42 家，或谓亦窃自元人成书。

7.《月令明义》 4 卷　明　黄道周

改经。

8.《表记集传》 2 卷　明　黄道周

牵强附合，随心标目，但议论正大。

9.《坊记集传》 2 卷　附《春秋问业》 1 卷　明　黄道周

以《坊记》为经，举《春秋》事迹以证，臆断与上书同，但意存鉴戒。

10.《缁衣集传》 4 卷　明　黄道周

是书为劝戒崇祯识别君子小人，不必尽以章句训诂绳也。

11.《儒行集传》 2 卷　明　黄道周

道周于《易经》用力最深，《礼记解》五篇则借以纳谏，意原不主于解经，一年之中成书五种，亦成之太速，故考证不免有疏。

12.《日讲礼记解义》 64卷　康熙

《礼记》一书，朱子以为《仪礼》之传，然特《冠义》等六篇及《丧服》诸篇与《仪礼》相发明耳，至于他篇，则多整躬范俗之道，别嫌明微之防，不尽与《仪礼》相比附。盖《仪礼》皆古经，《礼记》则多志其变；《仪礼》皆大纲，《礼记》多谨于细；《仪礼》皆度数，《礼记》则多明其义。

13.《钦定礼记义疏》 82卷　乾隆

14.《深衣考》 1卷　黄宗羲

排斥前人，务生新义。宗羲经学淹贯，著述多有可传，而此书则变乱旧诂，多所乖谬。

15.《陈氏礼记集说补正》 38卷　纳兰性德

补陈澔之遗，正陈澔之失，皆先列经文，次列澔说，而援引考证以正其失，大抵训诂名物十之三四，义理是非十之六七，而爱博嗜奇，亦往往泛采异说。凡所指摘，切中者十之八九。

16.《礼记述注》 28卷　李光坡

亦反对陈澔者。

17.《礼记析疑》 46卷　方苞

删改经文。

18.《檀弓疑问》 1卷　邵泰衢

疑《檀弓》多附会，摘而论辨之。

19.《礼记训义择言》 8卷　江永

自《檀弓》至《杂记》，于注家异同之说，择其一是，为之折衷，与陈澔注颇有出入，然持论多为精核。

20.《深衣考误》 1卷 江永

考证精核。

21.《大戴礼记》 13卷 汉 戴德

今存39篇，《夏小正》为最古。

22.《夏小正戴氏传》 4卷 宋 傅崧卿

《夏小正》为古书，戴德作传，旧本经传混淆，崧卿分之，并作注，后朱熹、金履祥均沿其绪。

23.《三礼图集注》 20卷 宋 聂崇义

崇义得三《礼》旧图六本，重加考订。六本为郑玄、阮谌、夏侯伏朗、张镒、梁正、开皇时所作。沈括、欧阳修、赵彦卫、林光朝均讥《三礼图》，然此书颇承旧式。

24.《三礼图》 4卷 明 刘绩

是书本陆佃、陈祥道、林希逸，而取诸《宣和博古图》者为尤多，与旧图大异。

25.《学礼质疑》 2卷 万斯大

考辨古礼，颇多新说。

26.《读礼志疑》 6卷 陆陇其

取郑、孔诸家注疏，折衷于朱子，务得其中。陇其墨守程朱，论三《礼》固不及古之专门家，然随文纠正，考核折中，用意非俗儒所及。

27.《郊社禘祫问》 1卷 毛奇龄

性喜攻驳，反覆辨诘，未免繁杂。

28.《参读礼志疑》 2卷　汪绂

取陆陇其《读礼志疑》，以己意附参，主王肃而黜郑玄，颇与旧注相左。

23至28为三《礼》总义。

29.《礼书》 150卷　宋　陈祥道

祥道为王安石之徒，务异先儒，排斥旧说。此书攻驳郑玄甚力，然贯通经传，论辨精博，故晁公武、李廌皆元祐党人，而亦推举此书。

30.《仪礼经传通解》 37卷 《续》 29卷　宋　朱熹

以《仪礼》为经，取《礼记》及古笈中有关礼者，附于本经之下，具列诸儒注疏之说，分为家礼、乡礼、学礼、邦国礼、王朝礼，但未定稿。朱子因王安石废《仪礼》存《礼记》，故撰是书，后黄榦续《丧礼》15卷，张虙又续《祭礼》14卷，古礼梗概略备于是。

31.《礼书纲目》 85卷　江永

仿《仪礼经传通解》之例，补正较多。

32.《五礼通考》 262卷　秦蕙田

因徐乾学《读礼通考》之例，网罗众说，扩成吉、凶、军、宾、嘉五门七十五类，原原本本具有经纬。较陈祥道等有过之无不及。

29至32为通礼。

33.《书仪》 10卷　宋　司马光

书仪者，私家仪注也，其中《表奏公文私书家书式》一卷、《冠仪》一卷、《婚仪》一卷、《丧仪》六卷，朱熹推重之。

34.《家礼》 5卷 《附录》 1卷 旧题 朱熹

王懋竑《白田杂著》有《家礼考》，谓《家礼》决非朱子之书。按《仪礼经传通解》中本有《家礼》9卷。朱子于《三家礼范跋》中有志续司马光之书而实未作。朱死后，遂以二事牵混。又有依仿成此书者，朱子葬日有携来此书，谓是往年僧寺所亡佚者，而朱子儿辈门徒均信之。

35.《泰泉乡礼》 7卷 明 黄佐

恪守程朱，此书多切实际。

36.《朱子礼纂》 5卷 李光地

辑朱子《文集》、《语录》中说礼之语，但有遗漏。

七、《春秋》

1.《春秋左传正义》 60卷 左丘明传 杜预注 孔颖达疏

唐赵匡始疑左丘明其人，王安石、朱熹、叶梦得亦疑之。杜《注》多强经以就传，孔《疏》亦多左杜而右刘（刘炫）。

2.《春秋公羊传注疏》 28卷 汉 公羊寿传 何休解诂 唐 徐彦疏

作传者实不尽出于公羊高，而为传公羊学者所作。

3.《春秋穀梁传注疏》 20卷 晋 范宁集解 唐 杨士勋疏

恐为穀梁弟子所作。

4.《箴膏肓》 1卷 《起废疾》 1卷 《发墨守》 1卷 汉 郑玄

为郑玄与何休辩论，不知何人所辑。

5.《春秋释例》 15卷 晋 杜预

《春秋》以《左传》为根本，《左传》以杜解为门径，《集解》又以是书为羽翼。

6.《春秋集传纂例》 10卷 唐 陆淳

释其师啖助及赵匡之说。其论多异先儒。如论《左传》非左丘明所作，公羊名高，縠梁名赤，未必是实。《左传》释经殊少。开宋人舍传求经之先路。

7.《春秋微旨》 3卷 唐 陆淳

先列三《传》异同，参以啖、赵之说而断其是非。

8.《春秋集传辨疑》 10卷 唐 陆淳

述啖、赵两家攻驳三《传》之言也。……《左氏》事实有本而论断多疏，《公》、《縠》每多曲说，而《公羊》尤甚。汉以来各守专门，自是书与《微旨》出，抵隙蹈瑕，往往中其窾会。

9.《春秋名号归一图》 2卷 蜀 冯继先

10.《春秋年表》 1卷 佚名

11.《春秋尊王发微》 12卷 宋 孙复

上祖陆淳，而下开胡安国，谓《春秋》有贬无褒……使孔庭笔削变为罗织之经。

12.《春秋皇纲论》 5卷 宋 王皙

考辨三《传》及啖助、赵匡之得失，谓《春秋》若有贬无褒，则尊贤旌善之旨缺（反对孙复），又说《左传》出一人撰，《公》、《縠》出众儒讲。

13.《春秋通义》 1卷 佚名

14.《春秋权衡》 17卷 宋 刘敞

依经立意，不似孙复之意为断制。

15.《春秋传》 15卷 宋 刘敞

节录三《传》事迹，断以己意。褒贬义例多取诸《公》、《穀》，然往往窜改传文，宋代改经之习，敞导其先。宋代出新意解《春秋》者，自孙复、刘敞始，复沿啖、赵之余，几于尽废三《传》。敞则不尽从传，亦不尽废传。

16.《春秋意林》 2卷 宋 刘敞

未完成作品，文体晦涩。

17.《春秋传说例》 1卷 宋 刘敞

本有49条，从《永乐大典》辑出25条。敞说《春秋》，颇出新意，而文体则多摹《公》、《穀》，诸书皆然，是编尤为简古，大致精核，多得经意。

18.《春秋经解》 13卷 宋 孙觉

其说以穀梁为本，及采左氏、公羊历代诸儒所长，间以其师胡瑗之说断之。

19.《春秋集解》 12卷 宋 苏辙

其说以左氏为主，取公、穀、啖、赵诸家以足之。陈宏绪谓其过诋公、穀。

20.《春秋辨疑》 4卷 宋 萧楚

楚为胡铨之师，忿蔡京当国，誓不复仕。书之大旨，主于以统制归天王，而深戒威福之移于下。虽多为权奸柄国而发，而持论正大，实有合孔子笔削之义，与胡安国之牵合时事动乖经义者有殊，与孙复之名为尊王而务为深文巧诋者用心亦别。《大典》本。

21.《春秋经解》 12卷 宋 崔子方

大略皆从左氏，亦间有从公、穀者。《大典》本。

22.《春秋本例》 20卷　宋　崔子方

公、穀专以日月为例，穿凿破碎，啖、赵一扫诸例而空之，崔子方又以日月为例。

23.《春秋例要》 1卷　宋　崔子方

24.《春秋五礼例宗》 7卷　宋　张大亨

礼与《春秋》本相表里。是编取《春秋》事迹，分吉、凶、军、宾、嘉五礼，依类别记，各为总论，义例赅贯。陈振孙称为考究详洽。

25.《春秋通训》 5卷　宋　张大亨

大亨之学出于苏轼，议论宗旨亦近之。

26.《春秋传》 20卷　宋　叶梦得

27.《春秋考》 16卷　宋　叶梦得

28.《春秋谳》 22卷　宋　叶梦得

叶梦得反对孙复舍传求经，也反对苏辙主左氏而废公、穀。《大典》本。

《南窗记事》称：解释音义曰传，订正事实曰考，掊击三《传》曰谳。

《提要》称《春秋谳》信经不信传，犹沿啖助、孙复之余波。于公、穀多所驳诘，谓左氏战国时人。又称《春秋考》大旨在申明所以攻排三《传》者，实本周之法度制作以为断，故所言皆论次周典，以求合于《春秋》之法。

29.《春秋集解》 30卷　宋　吕本中

后人误为吕祖谦作。书自三《传》而下，集诸儒之说，而采择颇精，全无自己议论。

30.《春秋传》 30卷 宋 胡安国

其书作于南渡之后，故感激时事，往往借《春秋》以寓意，不必一一悉合于经旨。朱子曰：胡氏《春秋传》有牵强处，然议论纵横，醒人耳目精神。明代胡《传》独盛。

31.《春秋集注》 40卷 宋 高闶

以程子未成《春秋传》为本，杂采唐宋诸家，镕以己意。《大典》本。

32.《春秋后传》 12卷 宋 陈傅良

傅良于臆说蜂起之日，独能根据旧文，研求圣人之微旨。赵汸甚推重之。

33.《春秋左氏传说》 20卷 宋 吕祖谦

持论与《博议》略同，而推阐更为详尽。朱子称其极为详博。然遣辞命意，颇伤于巧。所谓巧者，指其笔锋颖利，凡所指摘，皆刻露不留余地。

34.《春秋左氏传续说》 12卷 宋 吕祖谦

体例主于随文解义，故议论稍不如前说之阔大。然于传文所载，阐发其蕴，并抉摘其疵。如所谓左氏有三病，不明君臣大义，一也；好以人事附会灾祥，二也；记管、晏事则尽精神，说圣人事便无气象，三也。不倡废传高论，视孙复诸人，其学为有据多矣。

35.《详东莱左氏博议》 25卷 宋 吕祖谦

凡180篇，其门人张成招注。

36.《春秋比事》 20卷 旧题 宋 沈棐

前以诸国类次，后以朝聘、征伐、会盟事迹相近者，各比例而为之说，持论颇为平允。

沈棐不知为何许人。

37.《春秋左传要义》 31卷　宋　魏了翁

是书节录注疏之文，每条之前各为标题，而系以先后次第。

38.《春秋分纪》 90卷　宋　程公说

与顾栋高《春秋大事表》体例多相同。盖刻意学左者。

39.《春秋讲义》 4卷　宋　戴溪

当韩侂胄北伐败衄，和议再成，故于内修外攘、交邻经武之道，尤惓惓焉。《大典》本。

40.《春秋集义》 50卷　《纲领》 3卷　宋　李明复

41.《春秋集注》 11卷　《纲领》 3卷　宋　张洽

明洪武中，以此书与孔安国《传》同立学官。永乐间此书废而胡《传》独行。

42.《春秋王霸列国世纪编》 3卷　宋　李琪

以诸国为纲，而以《春秋》所载事迹类编为目。所论多有为而发，如讥徽宗通金灭辽，讥高宗和议，隐示抑金尊宋等。

43.《春秋通说》 13卷　宋　黄仲炎

大旨谓直书事迹，义理自明。于古来经师相传之义例，一切辟之。与朱子意见相似。

44.《春秋说》 30卷　宋　洪咨夔

议论明鬯，而考据事势，推勘情伪，尤多前人所未发。

45.《春秋经筌》 16卷　宋　赵鹏飞

主于据经解经。自序曰：学者当以无传明《春秋》，不可以有传求《春秋》。亦孙复之流派也。

46.《春秋或问》 20卷 附《春秋五论》 1卷 宋 吕大圭

于三《传》之中多主左氏、穀梁而深排公羊。于何休《解诂》，斥之尤力。考三《传》之中，事迹莫备于左氏，义理莫精于穀梁，惟公羊杂出众师，时多偏驳。何休《解诂》牵合谶纬，穿凿尤多。大圭所论，于三家得失，实属不诬。

47.《春秋详说》 30卷 宋 家铉翁

其说以《春秋》主乎垂法，不主乎记事……其论平正通达，非孙复、胡安国诸人务为刻酷者所能及。

48.《读春秋编》 12卷 宋 陈深

以胡氏为宗，而兼采《左传》。

49.《春秋提纲》 10卷 旧题 陈则通

分征伐、朝聘、盟会、杂例四门。大抵参校其事之始终，而考究其成败得失之由。其言闳肆纵横，纯为史论之体，盖说经家之别成一格者也。

50.《春秋集传释义大成》 12卷 元 俞皋

以胡《传》与《左》、《公》、《穀》并列为四传，宗程子。

51.《春秋纂言》 12卷 《总例》 1卷 元 吴澄

分七例：天道、人纪、吉、凶、军、宾、嘉，与张大亨《春秋五礼例宗》相似，而较精密，亦又改窜经文处。

52.《春秋诸国统纪》 1卷 《目录》 1卷 元 齐履谦

以《春秋》之事分国纪载，排比经文，颇易寻览。

53.《春秋本义》 30卷 元 程端学

采176家，依经附说，类次群言，间亦缀以案语。主常事不书、有贬无褒之义。支离轇轕。

54.《春秋或问》 10 卷 元 程端学

历举诸家，各加抨击。过疑三《传》，而于宋儒深刻琐碎之谈、附会牵合之论，转能一举而摧陷之。

55.《春秋三传辨疑》 20 卷 元 程端学

以攻驳三《传》为主……大抵先存一必欲废传之心，而百计以求其瑕疵。求之不得，则以不可信一语概之。

不信三《传》之说创于啖、赵，其后析为三派。孙复《尊王发微》以下，弃传而不驳传者也；刘敞《春秋权衡》以下，驳三《传》之义例者也；叶梦得《春秋谳》以下，驳三《传》之典故者也。至于端学，乃兼三派而用之，且并以《左传》为伪撰。

56.《春秋谳义》 9 卷 元 王元杰

辑程朱之说，特尊朱熹。

57.《春秋诸传会通》 24 卷 元 李廉

以胡《传》为主，而博采诸家之说。

58.《春秋经传阙疑》 45 卷 元 郑玉

平心静气，得圣人之意者为多。

59.《春秋集传》 15 卷 元 赵汸

义例创自赵汸，其弟子倪尚谊续成。

60.《春秋师说》 3 卷 元 赵汸

赵汸述其师黄泽之说，尊左氏、杜预。

61.《春秋属辞》 15 卷 元 赵汸

谓《春秋》随事笔削，决无凡例。

62.《春秋左氏传补注》 10卷　元　赵汸

采陈傅良之说，以补杜注。

63.《春秋金锁匙》 1卷　元　赵汸

与沈坚书体例相似而较简。

64.《春秋胡传附录纂疏》 30卷　元　汪克宽

宗胡《传》，永乐《大全》即全据此书。

65.《春王正月考》 2卷　明　张以宁

66.《春秋钩元》 4卷　明　石光霁

张以宁弟子，体例与张大亨、吴澄之书相似。

67.《春秋大全》 70卷　明　胡广等奉敕撰

抄袭汪克宽书。

68.《春秋经传辨疑》 1卷　明　童品

主左氏。

69.《春秋正传》 37卷　明　湛若水

以《春秋》本鲁史之文，不可强立义例，以臆说汩之。惟当考之于事，求之于心。体例颇与刘敞《权衡》相近。

70.《左传附注》 5卷　明　陆粲

驳正杜预、孔颖达、陆德明，于训诂家颇有裨益。

71.《春秋胡氏传辨疑》 2卷　明　陆粲

主于信经不信例，“《春秋》无达例”，足破繁文曲说之弊。自永乐后，胡《传》立为功令，世儒莫敢异同，陆粲、袁仁始攻其失。

72.《春秋明志录》 12卷　明　熊过

自出新意，辨驳前人。于《公》、《穀》、胡《传》俱有所纠正，而攻《左传》者为尤甚。大抵务黜三《传》如程端学，乃至臆造事迹，其弊更甚于端学。然端学多缴绕拘牵，格格然不能自达，过则断制分明，纰缪者极其纰缪，平允者亦极其平允。

73.《春秋正旨》 1卷　明　高拱

论说经以左氏为长，胡氏为有激而作。明白正大。

74.《春秋辑传》 13卷 《宗旨》 1卷 《春秋凡例》 2卷　明　王樵

以朱子为宗。

75.《春秋亿》 6卷　明　徐学谟

以《春秋》所书皆据旧史，旧史所缺圣人不能增益。一扫公、穀无字非例之说与孙复、胡安国无事非讥之论。

76.《春秋事义全考》 16卷　明　姜宝

以胡《传》为本，而亦颇参以己意。宝独谓孔子于周王、鲁侯，事有非者直著其非而已。后人说经，用恶字、罪字、讥贬字，皆非圣人之意。

77.《春秋胡传考误》 1卷　明　袁仁

谓胡安国愤王氏之不立《春秋》，奉君命而作传，志在匡时，多借经以申其说，其意则忠，而于经未必尽合。

78.《左传属事》 20卷　明　傅逊

改《左传》为纪事本末体。

79.《左氏释》 2卷　明　冯时可

发明《左传》训诂。

80.《春秋质疑》 12卷 明 杨于庭

纠胡《传》。

81.《春秋孔义》 12卷 明 高攀龙

斟酌左、公、穀、胡四传之间，无所考证亦无所穿凿，持论稍拘而犹谨严。

82.《春秋辨义》 39卷 明 卓尔康

经文每条之下，皆杂取旧说，排比诠次，而断以己意。持论醇正。

83.《读春秋略记》 10卷 明 朱朝瑛

其学出自黄道周，颇不拘墟于俗见，而持论不必皆醇。是书辑录旧文，补以己意。所采上自啖、赵，下及季本、郝敬，大抵多自出新义，不肯傍三《传》以说经。朝瑛之所论断亦皆冥搜别解，不主故常。大致如叶梦得之三《传》谳而无其博，似程端学之三《传》辨疑而无其迂。

84.《春秋四传质》 2卷 明 王介之

85.《左传杜林合注》 50卷 明 王道焜 赵如源

合注林尧叟之《左传句解》。

86.《日讲春秋解义》 64卷 康熙

每条先列《左氏》之事迹而不取其浮夸，次明《公》、《穀》之义例而不取其穿凿。

87.《钦定春秋传说汇纂》 38卷 康熙

驳正胡《传》。

88.《御纂春秋直解》 15卷 乾隆

89.《左传杜解补正》 3卷　顾炎武

补正杜预《集解》。

90.《春秋稗疏》 2卷　王夫之

考证地理者居十之九。

91.《春秋平义》 12卷　俞汝言

多引旧文，自立论者无几。自序谓传经之失不在于浅，而在于深。

92.《春秋四传纠正》 1卷　俞汝言

摘列三《传》及胡《传》之失，随事辨正，区为六类。

93.《读左日钞》 12卷 《补》 2卷　朱鹤龄

采诸家之说以补正杜《注》，于赵汸、陆粲、傅逊、邵宝、王樵五家所取为多。大抵集旧解者十之七，出己意者十之三。

94.《左传事纬》 12卷 《附录》 8卷　马骕

谓《左氏》义例在《公》、《穀》之上。

95.《春秋毛氏传》 36卷　毛奇龄

分四例：礼、事、文、义。宗《左传》，力攻胡《传》。

96.《春秋简书刊误》 2卷　毛奇龄

刊正三《传》经文之误，以《左传》为主。

97.《春秋属辞比事记》 4卷　毛奇龄

分义例为二十二门，分门隶事，如沈棐、赵汸之体，条理明晰，考据精核。

98.《春秋地名考略》 14卷 高士奇

实徐胜所作。

99.《春秋管窥》 12卷 徐庭垣

谓孔子当日为一鲁大夫，身为人臣，岂肯作私书以赏罚王侯君公？此犯上作乱之为，而谓圣人肯为之乎？

100.《三传折诸》 44卷 张尚瑗

朱鹤龄之弟子，然贪多务得，往往支离曼衍。

101.《春秋阙如编》 8卷 焦袁熹

历来说《春秋》多刻酷，是书酌情理之中，立褒贬之准，谨持大义，刊削烦苛。近代说《春秋》者，当以此书为最。

102.《春秋宗朱辨义》 12卷 张自超

本朱子据事直书之旨，不为隐深阻晦之说，惟就经文前后参观以求其义。焦袁熹以外，此书其亚矣。

103.《春秋通论》 4卷 方苞

辨经文孰为旧文，孰为笔削，分类排比，然多出臆断。

104.《春秋长历》 10卷 陈厚耀

105.《春秋世族谱》 1卷 陈厚耀

106.《半农春秋说》 15卷 惠士奇

以礼为纲，而纬以《春秋》之事，事实据《左氏》，论断采《公》、《穀》，虽未免过信汉儒，然言必典据，论必持平。

107.《春秋大事表》 50卷　《舆图》 1卷　《附录》 1卷　顾栋高

以《春秋》列国诸事，比而为表，旁行斜上，经纬成文，引据博洽，议论精确，体例与程公说相似而典核过之。

108.《春秋识小录》 9卷　程廷祚

考证《春秋》官职、地名、人名，颇精核。

109.《左传补注》 6卷　惠栋

援引旧训以补杜《注》，其长在博，其短亦在于嗜博；其长在古，其短亦在于泥古。

110.《春秋左氏传小疏》 1卷　沈彤

以赵汸、顾炎武所补杜《注》未尽，更为订正。

111.《春秋地理考实》 4卷　江永

考证《春秋》地名，皆确指今为何地，意主简明，极精核。

112.《三正考》 2卷　吴鼐

《春秋》以周历纪时，刘知幾始有《春秋》用夏正之说，宋儒信之。元李濂、明张以宁驳正之。吴鼐取两家之说，益以其他人所论，引证详明，判数百年之公案。

113.《春秋究遗》 16卷　叶酉

宗其师方苞《通论》，于胡《传》之苛刻，《谷》、《彀》之附会，芟除殆尽。于《左氏》亦多所纠正。

114.《春秋随笔》 2卷　顾奎光

115.《春秋繁露》 17卷　董仲舒

发挥《春秋》本旨，多主公羊，而往往及阴阳五行。《崇文总目》疑其伪，程大昌攻之尤力。通行本已缺，以《大典》本校补之。

案 《春秋》三《传》，互有短长。左氏之所谓“君子曰”往往不甚得经意，然其失也，不过肤浅而已。公、穀二家，钩棘月日以为例，辨别名字以为褒贬，乃或至穿凿而难通。左氏亲见国史，据事而言，不至大有出入。公、穀则前后经师，递相附益，推寻于字句之间，或凭心而断，各徇其意见之偏也。然则征实迹者其失小，骋虚论者其失大矣。

八、《孝经》

1.《古文孝经孔氏传》 1卷 附宋本《古文孝经》 1卷 旧题孔安国传 日本太宰纯音

按《孝经》一书，大概是孔子门徒所遗，和《礼记》相类，蔡邕、《吕览》都征引过，可见非伪书。但陈骙、汪应辰皆疑其伪。且后有孔本、郑本之争。郑为今文，玄宗注用今文；孔为古文，朱熹用古文。其文句小异，义理不殊。

清初日本太宰纯得《孝经》刊行，传入中国。其传文证以《论衡》、《经典释文》、《唐会要》所引证，颇相合。但《四库》仍称其浅陋冗漫，不类汉儒释经之体，以为伪书。

2.《孝经正义》 3卷 唐 玄宗注 宋 邢昺疏

注文刻于石，谓之《石台孝经》，今尚在西安府学中。唐元行冲曾作疏，宋邢昺疏，即以元书为蓝本。《孝经》有今古文，今文称郑玄注，其说传自荀昶，而郑《志》不载其名。古文称孔安国注，其书出自刘炫，而《隋书》已言其伪。刘知幾主古文，司马贞主今文，互有驳诘。玄宗注行，孔、郑二家并废。

3.《古文孝经指解》 1卷 佚名

集司马光、范祖禹之说合为一书，反对唐玄宗用今文作注，此为《孝经》今古文之争的开始。

黄震《日钞》称：“按《孝经》一尔，古文、今文特所传微有不同……非今文与古文各为一书也。”

4.《孝经刊误》 1卷　宋　朱熹

朱子怀疑《孝经》多后人所添加（实疑其伪）。取古文《孝经》，删旧文二百二十三字，南宋后作注多用此本。

5.《孝经大义》 1卷　元　董鼎

取朱熹《刊误》本加以诠释，全为口义之体，如《语录》。

6.《孝经定本》 1卷　元　吴澄

取今文《孝经》，删削旧文。澄称：观邢《疏》而知古文之伪，观朱子所论，知今文亦有可疑。

7.《孝经述注》 1卷　明　项霦

诠释古文《孝经》本。不为深奥之论。

8.《孝经集传》 4卷　明　黄道周

先立五大义，然后以《礼记》诸篇条贯丽之。推阐颇为详洽。

9.《御注孝经》 1卷　顺治

用石台本，不用孔安国本，息今古文门户之争也。不用朱子《刊误》本，杜改经之渐也。按帝王注《孝经》者有晋元帝、晋孝武帝、梁武帝、唐玄宗及顺治。

10.《御纂孝经集注》 1卷　雍正

11.《孝经问》 1卷　毛奇龄

驳朱子《孝经刊误》及吴澄《孝经定本》，凡十条。

汉儒说经以师传，师所不言则一字不敢更。宋儒说经以理断，理有可据则六经亦可改。然守师传者，其弊不过失之拘；凭理断者，其弊或至于横决而不可制。王柏诸人点窜《尚书》，删削二《南》，悍然欲出孔子上，其所由来者渐矣。

12.《孝经句解》 1卷　元　朱申

诠释朱本古文《孝经》，极浅陋，糅杂无绪。

13.《孝经正误》 1卷 《附录》 1卷　明　潘府

主张《孝经》皆孔子语，不应强分经传。因旧本而校正之，自谓幸复圣经之旧，然亦孰见圣经之旧本而证其能复否乎？

14.《孝经宗旨》 1卷　明　罗汝芳

专明良知之学。

15.《孝经疑问》 1卷　明　姚舜牧

以为《孝经》语意联贯不应分章，因合为一篇。又将不类孔子之语删去。舜牧何人，乃敢变乱古籍？

16.《孝经集讲》 1卷　原题　熊兆集

乡曲陋儒投献干进之书也。训释皆词旨鄙陋。

17.《孝经注义》 1卷　魏裔介

词旨浅近，训蒙之作也。

18.《孝经集解》 1卷　蒋永修

训蒙之作。

19.《读孝经》 4卷　应是

循文摘句，无所发明。

20.《孝经类解》 18卷 吴之騄

引经史子集以证经文。所引后代故实，牵合比附。

21.《孝经正文》 1卷 《内传》 1卷 《外传》 3卷 李之素

用朱子《刊误》本，《内传》引经史子集以相证，《外传》列大舜至明末孝子行实。

22.《孝经详说》 2卷 冉觐祖

取今文，大旨在辨定吕维祺《孝经本义》、《大全》、《或问》三书。

23.《孝经》 1卷 朱轼

用吴澄考定之本而略为推衍其义。

24.《孝经三本管窥》 1卷 吴隆元

主古文。

25.《孝经集解》 1卷 张星徽

改《孝经》为经一章、传十章，以合于朱子更定《大学》之本。

26.《孝经章句》 1卷 任启运

增一百一十二字，自序称得之山西佛寺中，疑为北齐熊安生所传之本。

27.《孝经通义》 1卷 华玉淳

谓《孝经》首尾通贯，不必分经传。字句删削从朱，简文错误从吴。

九、四书

1.《孟子正义》 14卷 汉 赵岐注 旧题 宋 孙爽疏

赵岐于党锢避难时在夹柱中作。汉儒注经，多明训诂名物，惟此注笺释文句，乃似后世之口义，与古学稍殊。然孔安国、马融、郑玄之注《论语》，今载于何晏《集解》者，体亦如是。盖《论语》、《孟子》词旨显明，惟阐其义理而止，所谓言各有当也。

疏虽称孙奭作，而朱子《语录》则谓邵武士人假托，蔡季通识其人。其疏皆敷衍语气，如乡塾讲章。

2.《论语义疏》 10卷 魏 何晏注 梁 皇侃疏

实何晏与孙邕、郑冲、曹羲、荀顗五人合作，共集《论语》诸家训诂之善者，名《论语集解》。

皇侃所作疏，南宋时已亡佚。而日本尚存此书，清初传返中国。

3.《论语正义》 20卷 魏 何晏注 宋 邢昺疏

其文与皇侃疏本异同不一，大抵互有短长。此书翦皇氏之支蔓，而稍传以义理。汉学、宋学兹其转关。是疏出而皇疏微，迨伊、洛之说出而是疏又微。

4.《论语笔解》 2卷 旧题 唐 韩愈、李翱同注

韩愈曾作《论语注》，已否成书其说不一。此书又名《笔解》，卷数亦不合。

5.《孟子音义》 2卷 宋 孙奭

陆德明《经典释文》于群经皆有音义，独缺《孟子》，奭因旧籍成此书。

6.《论语拾遗》 1卷 宋 苏辙

苏轼曾作《论语说》。辙取轼说之未安者重为此书，颇涉禅理。

7.《孟子解》 1卷 宋 苏辙

共24章，其少年作也，瑕瑜互见。

8.《论语全解》 10 卷 宋 陈祥道

祥道为王安石门徒，精于三《礼》，诠释《论语》，亦于礼制最为明晰。但学宗安石，往往杂据《庄子》以作证佐，非解经之体。

9.《孟子传》 29 卷 宋 张九成

九成学出于杨时，又喜与僧宗杲游，其作品杂于释氏。朱子《杂学辨》颇议其非。然当时冯休、李觏、司马光、晁说之、郑厚叔皆排诋《孟子》。故九成特发明于义利经权之辨，主于阐扬宏旨，不主于笺诂文句。曲折纵横，全如论体。

10.《尊孟辨》 3 卷 《续辨》 2 卷 《别录》 1 卷 宋 余允文

反对司马光《疑孟》、李觏《常语》、郑厚叔《艺圃折衷》、王充《论衡·刺孟》、苏轼《论语说》。《大典》本。

11.《大学章句》 1 卷 《论语集注》 10 卷 《孟子集注》 7 卷 《中庸章句》 1 卷 宋 朱熹

尊四书自二程、朱子始。朱熹于《大学》、《中庸》均改定章句，于论《孟》则融会诸家之说。

朱熹平生精力，殚于四书。其剖析疑似，辨别毫厘，实远出《易本义》、《诗集传》之上。

12.《四书或问》 39 卷 宋 朱熹

《或问》为未定稿，故与《集注》有矛盾处。

13.《论孟精义》 34 卷 宋 朱熹

集宋儒说论《孟》者 12 家。

14.《中庸辑略》 2 卷 宋 石𡼖

集宋儒说《中庸》者，朱熹称其谨密详审。

以上三书皆与朱子四书《章句》、《集注》辅翼。

15.《论语意原》 2卷　宋　郑汝谐

其学出于伊洛，然所说颇与朱子《集注》异。

16.《癸巳论语解》 10卷　宋　张栻

朱熹曾驳其118条，栻从朱子改正者仅23条。

17.《癸巳孟子说》 7卷　宋　张栻

于王霸之辨、义利之分，言之最明。

18.《石鼓论语问答》 3卷　宋　戴溪

诠释义理，持论醇正，而考据间有疏舛。

19.《蒙斋中庸讲义》 4卷　宋　袁甫

备列经文，逐节训解，盖平日录以授门弟子者。其学出于杨简、陆九渊。

20.《四书集编》 26卷　宋　真德秀

朱子作《章句》、《集注》，其去取之意，散见《或问》、《语类》、《文集》中，而先后异同颇舛。是编博采朱子之说以相发明。

21.《孟子集疏》 14卷　宋　蔡模

蔡沈之子，为朱子《集注》作注疏，谨守一家之说，简汰不苟。

22.《论语集说》 10卷　宋　蔡节

大旨从朱《集注》。

23.《中庸指归》 1卷　《中庸分章》 1卷　《大学发微》 1卷　《大学本旨》 1卷　宋　黎立武

《中庸》之学传自程子，后诸弟子各述师说，门径遂歧。游酢、杨时之说为朱子所取，而郭忠孝《中庸》说以中为性、以庸为道，亦云程子晚年定论。此书皆阐此旨。

24.《四书纂疏》 26卷　宋　赵顺孙

为朱熹《章句》、《集注》作疏，所引十三家，皆朱子门徒或为朱学者，颇繁瀚。

25.《大学疏义》 1卷　宋　金履祥

履祥为王柏弟子，而谨严笃实，此书阐明朱《章句》。

26.《论语集注考证》 10卷　《孟子集注考证》 7卷　宋　金履祥

为朱《集注》作疏，于事迹典故，考订尤多。

27.《四书集义精要》 28卷　元　刘因

朱子为《集注》，与其《或问》、《语录》、《文集》中所说多有出入，后卢孝孙取《语录》、《文集》所说，辑为《四书集义》100卷。此编则为30卷，佚2卷。

28.《四书辨疑》 15卷　佚名

考当为陈天祥所作。元初人。

29.《读四书丛说》 4卷　元　许谦

谓圣贤之心备于四书，四书之义备于朱子。

30.《四书通》 26卷　元　胡炳文

所取皆恪守朱学者。大抵合于经义与否非其所论，惟以合于注意与否，定其是非。

31.《四书通证》 6卷　元　张存中

胡炳文《四书通》详义理而略名物，存中因作是书。

32.《四书疑节》 12卷 元 袁俊翁

科举之学。

33.《四书经疑贯通》 8卷 元 王充耘

科举之学。

34.《四书纂笺》 28卷 元 詹道传

仿古经笺疏之体，取朱子四书《章句》、《集注》、《或问》，正其音读，考其名物度数，在张存中书之上。

35.《四书通旨》 6卷 元 朱公迁

取四书之文，分为98门。门目既多，微嫌其繁。

36.《四书管窥》 8卷 元 史伯璿

取朱子学者所作，加以辨明，与刘因之书相似。

37.《大学中庸集说启蒙》 2卷 元 景星

发挥颇简切。

38.《四书大全》 36卷 明 胡广等奉敕撰

自朱子作《章句》、《集注》后，黄、真、祝、蔡、赵、吴、陈皆采朱子以注《章句》、《集注》。倪士毅则采陈栎《四书发明》、胡炳文《四书通》合而为一，颇有删正，名曰《四书辑释》。胡广《大全》即采倪书而稍加点窜，遂为有明一代取士之制。

39.《四书蒙引》 15卷 《别附》 1卷 明 蔡清

虽为科举作，犹有宋人讲经之遗风。

40.《四书因问》 6卷 明 吕柟

《学》、《庸》均从古本。柟文宗李梦阳，佶屈聱牙；而学问宗薛瑄，平正笃实。

41.《问辨录》 10卷　明　高拱

取朱子《章句》、《集注》，逐条辨驳。

42.《论语类考》 20卷　明　陈士元

朱子之后，真德秀、蔡节主于发明义理，金履祥、张存中、詹道传始考究典故，三人皆笃信朱子，惟金偶有驳正，而张、詹于舛误处皆讳而不言，是书略同金氏之体。

43.《孟子杂记》 4卷　明　陈士元

叙孟子事迹及经解。

44.《学庸正说》 3卷　明　赵南星

体例近乎讲章，然词旨醇正，诠释详明。

45.《论语商》 2卷　明　周宗建

其人刚方正直，而其学则沿姚江之末派，颇近于禅。

46.《论语学案》 10卷　明　刘宗周

其学以慎独为宗。

47.《四书留书》 6卷　明　章世纯

世纯与艾南英、罗万藻、陈际泰号临川四家，以制义名。其书类刘敞《春秋意林》之体。

48.《日讲四书解义》 26卷　康熙

49.《四书近指》 20卷　孙奇逢

挈其要领，统论大旨。其学兼采朱陆，主于穷则励行，出则经世。

50.《孟子师说》 2卷 黄宗羲

述其师刘宗周语，多阐发良知之旨。

51.《大学翼真》 7卷 胡渭

前三卷述古代学校制度与《大学》经传撰人、古本、改本，后三卷为渭考定之本，大旨仍以朱子为主。

52.《四书讲义困勉录》 37卷 陆陇其

万历以后，异学争鸣，攻朱子者固人自为说，阐朱子者亦多阳儒阴释，是编荟粹群言，一一别择，羽翼朱子之功，较胡炳文有过之无不及。

53.《松阳讲义》 12卷 陆陇其

诸生讲论而作，陇其一生精力，粹于《章句》、《集注》。时南有黄宗羲，北有孙奇逢，西有李颙，陇其皆不以为然。

54.《大学古本说》 1卷 《中庸章段》 1卷 《中庸余论》 1卷 《读论语劄记》 2卷 《读孟子劄记》 2卷 李光地

不用朱熹本，《大学》用古本，《中庸》则自分为十二章，大旨主于寻求义理。

55.《论语稽求篇》 4卷 毛奇龄

朱子《章句》、《集注》，原不以考证见长，奇龄学博而辨，遂旁采古义以相诘难。

56.《四书剩言》 4卷 《补》 2卷 毛奇龄

杂论四书之语。其子与门人所编。

57.《大学证文》 4卷 毛奇龄

备述诸家《大学》改本之异同，包括注疏本、汉熹平石经本（即今注疏本）、魏正始石经本（丰坊伪撰）、程颢改本、程颐改本、朱熹改本、王柏改本、季本改本、高攀龙改本（即崔铣改本）、葛寅亮改本。

汉以来专门之学，各承师说，但有字句训诂之异，无人敢窜乱古经。郑玄称好改字，特注某当作某耳，不敢遽变其字也。费直始移《周易》，杜预始移《左传》，但析传附经耳，亦未敢颠倒经文也。自刘敞考定《武成》，列之《七经小传》，儒者视为故事，遂浸以成风。《大学》一篇，移掇尤甚。

十、经籍总义

1.《驳五经异义》 1 卷 《补遗》 1 卷 汉 郑玄

许慎作《五经异议》，郑玄驳之，宋以后并亡佚。此为从各书中采缀而成，或题王应麟编，然无确据。

2.《郑志》 3 卷 《补遗》 1 卷

郑玄弟子追论师说及应答，郑小同编次成帙。另有《郑记》，为郑玄门徒各述师言更相问答。书佚于北宋，此本不知为谁从诸书中辑出。

3.《经典释文》 30 卷 唐 陆德明

诸经皆摘字为音。所采汉魏六朝音切凡二百三十余家，又兼载诸儒之训诂，证各本之异同。后来得以考见古义者，注疏以外，惟赖此书之存。

4.《七经小传》 3 卷 宋 刘敞

杂论经义之语。所谓七经，乃《书》、《诗》、三《礼》、《公羊》、《论语》。其中改易经文，以就己意，变先儒淳实之风者，实自敞始。其说亦往往穿凿，与王安石同。

5.《程氏经说》 7 卷 宋 程颐

或称《河南经说》，包括《系辞》、《书》、《诗》、《春秋》、《论语》、《改定大学》，其中有一时杂论（《诗书解》），有专著而未成（《春秋》）。

6.《六经图》 6卷 宋 杨甲撰 毛邦翰补

作各经图，有三百余图。

7.《六经正误》 6卷 宋 毛居正

毛居正受诏厘定经籍，乃裒所校正之字成此编，校勘异同，订正讹谬，殊有补于经学。但其中辨论既多，不免疏舛者。

8.《刊正九经三传沿革例》 1卷 宋 岳珂

岳珂刊相台九经本，作此总例1卷。其目：①书本，②字画，③注文，④音释，⑤句读，⑥脱简，⑦考异。皆参订同异，考证精博，厘舛辨疑，使读者有所依据，其论字画一条，酌古准今，尤属通人之论也。

9.《融堂四书管见》 13卷 宋 钱时

钱时之学出于陆九渊、杨简，故四书有《孝经》而无《孟子》，亦不用程朱本。

10.《四如讲稿》 6卷 宋 黄仲元

多述朱熹之绪论，然亦时出新义。

11.《六经奥论》 6卷 旧题 宋 郑樵

伪：①议论与《通志》略不合；②郑樵自述其著作，不及是书；③论《诗》主毛、郑，与所著《诗辨妄》相反；④引文及郑樵自己而称夹漈先生；⑤引文及于朱熹《诗传》及朱之号、谥，郑樵皆不及见。

12.《明本排字九经直音》 2卷 佚名

明州本也。其书不用反切而用直音，颇染乡塾陋习，然所音俱根据《经典释文》，犹为近古。且《释文》所载皆唐以前音，而此书则兼取宋儒，与陆氏之书，尤足相续。在宋人经书音释中，最为妥善。

13.《五经说》 7卷 元 熊朋来

恪守宋人，故《易》亦言先天、后天、河图、洛书，《书》亦言《洪范》错简，《诗》亦不主《小序》，《春秋》亦不主三《传》。

14.《十一经问对》 5卷 旧题 何异孙

元初人，仿朱子《或问》之体设为问答。

15.《五经蠡测》 6卷 明 蒋悌生

《诗》说独多，《易》、《书》次之，《春秋》为少，《礼记》亡缺，体例不一。大抵僻处穷山，罕睹古籍，于考据引证，非其所长，而覃精研思，则往往有所心得。名虽不及熊朋来，书则实在朋来之上。

16.《简端录》 12卷 明 邵宝

读书有得，题释简端。

17.《五经稽疑》 6卷 明 朱睦㮮

《春秋》用力较多，大旨取直书其事、美恶自见之义，《易》、《书》、《诗》、《礼》所说殊略。

18.《经典稽疑》 2卷 明 陈耀文

取汉唐以来说经之异于宋儒者分条辑载。所采未尽精审。

19.《钦定翻译五经》 58卷 《四书》 29卷 乾隆

译成满文。

20.《七经孟子考文补遗》 199卷 山井鼎撰 物观校勘

以汲古阁本为主，而以诸本考其异同。其中有足利本（宋本也），今以毛居正、岳珂两书中所引宋本参校，有合有不合。

21.《九经误字》 1卷 顾炎武

因明国子监本及坊本字多讹脱，乃考石经及诸旧刻作为此书。所摘监本、坊本之误，诸经尚不过一二字，惟《仪礼》脱误最多。

22.《经问》 18卷 《经问补》 3卷 毛奇龄

毛奇龄说经之词，其门人录之成编，皆一问一答，证佐分明，可称精核。指名攻击顾炎武、阎若璩、胡渭三人。以其博学望重，足以攻击，而余子不足齿录，其傲睨可云已甚。

以马、郑之淹通，济以苏、张之口舌，实足使老师宿儒变色失步，固不可谓非豪杰之士也。

23.《十三经义疑》 12卷 吴浩

取诸经笺注，标其疑义，考订之力颇勤。

24.《九经古义》 16卷 惠栋

凡《易》、《书》、《诗》、三《礼》、三《传》、《论语》十经，其中《左传》补注别行。曰古义者，汉儒专门训诂之学得以考见者也。是书蒐采旧文，互相参证。有爱博嗜奇处，然大体元元本本，精核者多。

25.《经稗》 6卷 郑方坤

杂采前人说经之文，以多摭诸说部之中，故名“稗”。诸家笔记中多说经考证之文，其善者如宋洪迈、王应麟，明杨慎、焦竑，清顾炎武、阎若璩。然篇帙纷繁，颇难寻检。方坤能荟粹众说，深为有益。

26.《十三经注疏正字》 81卷 沈廷芳

以诸本参互考证。

27.《朱子五经语类》 80卷 程川

取朱子《语录》之说五经者分类编次。

28.《群经补义》 5卷 江永

随笔诠释，多能补注疏所未及。考证赅洽。

29.《经咫》 1卷 陈祖范

说经之文。论《书》不取梅赜，论《诗》不废《小序》，论《春秋》不取义例，论《礼》不以古制违人情。

30.《九经辨字渎蒙》 12卷 沈炳震

校正九经文字，排比钩稽，颇为细密。

31.《古经解钩沉》 30卷 余萧客

采录唐以前诸儒训诂，列其书为目录。

十一、小学类

1.《尔雅注疏》 11卷 晋 郭璞注 宋 邢昺疏

《尔雅》作者不知为谁，有言周公作一篇，余为孔子所补，又说子夏、叔孙通、梁文所补。此书实采录古书中训诂名物，历代递相增益，而托名于周、孔者也。

郭璞去汉未远，多见古本，所注多可据。昺疏亦多能引证。

2.《尔雅注》 3卷 宋 郑樵

郑樵博洽傲一时，其《诗辨妄》开数百年杜撰说经之路，惟此书无穿凿附会之失，于说《尔雅》家为善本。

3.《方言》 13卷 汉 扬雄撰 晋 郭璞注

按《汉书·艺文志》及《扬雄传》皆不及《方言》，东汉190年中亦无称雄作《方言》者。汉末应劭《风俗通义序》始称扬雄作《方言》九千言。至宋洪迈《容斋随笔》始考证《汉书》，断非雄作。然证佐尚不足。今本字数、卷数皆不合于旧说。

此书文字古奥，训义深隐，传本多舛，今从《大典》辑出。

4.《释名》 8卷 汉 刘熙

20篇，以同声相谐，推论称名辨物之意，中间颇伤于穿凿，然可因以考见古音。又去古未远，所释器物，亦可因以推求古人制度之遗。此书又名《逸雅》。

5.《广雅》 10卷 魏 张揖

因《尔雅》旧目，博采汉儒笺注及《三苍》、《说文》诸书以增广之，于扬雄《方言》亦备载无遗。隋曹宪作音释。此书又名《博雅》。

6.《匡谬正俗》 8卷 唐 颜师古

前4卷55条，皆论诸经训诂音释；后4卷127条，皆论诸书字义字音及俗语相承之异。考据极为精密。惟拘于习俗，不能知音有古今，往往以今韵读古音，以古音读今韵。古人考辨小学之书皆失传，此书最古。

7.《群经音辨》 7卷 宋 贾昌朝

凡群经之中，一字异训、音从而异者，汇集为四门：辨字同音异，辨字音清浊，辨彼此异音，辨字音疑混，另有辨字训得失。书中沿袭旧文，不免谬误者，然《经典释文》散见各经，颇难检核。昌朝会集其音义，丝牵绳贯，同异粲然，俾易寻省，不为无益。

8.《埤雅》 20卷 宋 陆佃

王安石门人，释鱼兽鸟虫马木草天，略于形状而详于名义。寻究偏旁，比附形声，务求其得名之所以然。又推而通贯诸经，曲证旁稽，假物理以明其义，中多引王安石《字说》。其所援引，多今未见之书。

9.《尔雅翼》 32卷 宋 罗愿 元 洪焱祖音释

释草木鸟兽虫鱼，考据精博，体例谨严，在陆佃《埤雅》之上，陈栎讥此书牵引失当。按栎之学识不能望罗愿项背，遽纠其失，似不自量。

10.《骈雅》 7卷 明 朱谋玮

取古书文句典奥者，依《尔雅》体例分章训释，征引详博，颇具条理。

11.《字诂》 1卷 黄生

于六书多所发明，每字皆有新意，而根据博奥。

12.《续方言》 2卷 杭世骏

采《十三经注疏》、《说文》、《释名》诸书以补扬雄《方言》之遗。蒐罗古义，引据典核。

13.《别雅》 5卷 吴玉搢

取字体之假借通用者，依韵编之，各注所出而为之辨证。

以上小学训诂之属。

14.《急就章》 4卷 汉 史游

史游，汉元帝时宦官，是书或作《急就篇》，或作《急就章》，自此书出，解散隶体，渐行章草。其书始终无复字，文词雅奥，非蒙求诸书所可及。今流传有颜师古注及王应麟补注。

15.《说文解字》 30卷 汉 许慎

14篇（另有目录1篇），540部，文9 353（其中重文1 162），注133 440字。

是书推究六书之义，分部类从，至为精密，而训诂简质，猝不易通。又音韵改移，古今异读，谐声诸字，亦每难明。故传本往往讹异。徐铉等重加刊定，有所增补，别题为“新附字”。音切则以孙愐《唐韵》为定。

魏晋以来，言小学者皆祖慎。至李阳冰始曲相排斥。慎书以小篆为宗，所引五经文字亦多与今本不同。

16.《说文系传》 40卷 南唐 徐锴

包括《通释》30卷，释《说文》15篇，继以《部叙》2（说明540部次序），《通论》3，《祛妄》1（驳李阳冰），《类聚》1（举字之相比为义者），《错综》1（旁推六书之旨，通诸人事），《疑义》1（举《说文》偏旁所有而缺其字及篆体笔画相承小异者），《系述》1（自叙）。是书已多残缺，后人采徐铉书以补之。

17.《说文系传考异》 4卷 《附录》 1卷 清 汪宪

因徐锴《说文系传》传本讹舛，乃为考定。

18.《说文解字篆韵谱》 5卷 南唐 徐锴

以四声部分，编次成书，所注颇简略，实与其兄徐铉合作。

19.《重修玉篇》 30卷 梁 顾野王 宋 陈彭年等重修

凡542部，今所传皆陈彭年等重修本。按顾野王作《玉篇》，唐孙强尝增字释，陈彭年等又大加增补，顾、孙原本反失传。

20.《干禄字书》 1卷 唐 颜元孙

为章表书判而作，以四声隶字，又以206部排比字之后先。每字分俗、通、正三体，颇为详核。其侄真卿曾为勒石。

21.《五经文字》 3卷 唐 张参

后汉熹平中，立五经文字于石，是为熹平石经。张参取其3 235字，依偏旁为160部，编成此书。张参定五经文字，书于太学屋壁，开成（唐文宗）时易以石刻，是为开成石经。

22.《九经字样》 1卷 唐 唐元度

开成立石刻九经，唐元度主其事，此书即作于当时。共421字，分76部，以张参《五经文字》为准。二书并附于石刻九经之后。嘉靖时地震，石经与二书均有损缺，此据宋拓本而以石刻残碑校之。

23.《汗简》 3卷　《目录叙略》 1卷　宋　郭忠恕

分部从《说文》之旧，征引古文凡71家（95%已亡佚），后之谈古文者，辗转援据，大抵从此书相贩鬻。

24.《佩觿》 3卷　宋　郭忠恕

上卷论形声讹变之由，分为造字、四声、传写三科。中、下卷则取字画疑似者，以四声分十段。所言俱中条理。

25.《古文四声韵》 5卷　宋　夏竦

以四声分隶古篆，所引88家以校《汗简》，未尝多一种，但此书以韵分字，以隶领篆，较易于检阅。

26.《类篇》 45卷　旧题　司马光

为官修书，丁度、王洙、胡宿、范镇相继领其事，司马光特缮写奏进而已。时因修《集韵》，添字既多，别为此编，共53 165字。所编录不及《说文》、《玉篇》之谨严，然后世字增多，非九千旧数所能尽，故《玉篇》增于《说文》，而《类篇》又增于《玉篇》。

27.《历代钟鼎彝器款识法帖》 20卷　宋　薛尚功

所录篆文，大抵以《考古》、《博古》二图为本，而蒐辑较广，实多出于两书之外。尚功深通篆籀，能集众家之长而比其同异，颇有订讹刊误之功。

28.《复古编》 2卷　宋　张有

据《说文》以辨俗体之讹，至为精密。

29.《汉隶字源》 6卷　宋　娄机

凡汉碑309，魏晋碑31，以《礼部韵略》206部分之，皆以真书标目，而以隶文排比其下，于古音古字，多存梗概。

30.《班马字类》 5卷 宋 娄机

引《史记》、《汉书》所载古字、僻字，以四声部分编次，考证训诂，辨别音声，于假借、通用诸字，胪列颇详。

31.《字通》 1卷 宋 李从周

以《说文》校隶书之偏旁，分类殊无端绪，大旨主于明隶书之源流。

32.《六书故》 33卷 元 戴侗

以六书明字义，尽变《说文》之分部。元吾邱衍极诋之。“侗以钟鼎文编此书，不知者多以为好。以其字字皆有，不若《说文》与今不同者多也。形古字今，杂乱无法。钟鼎偏旁，不能全有，却只以小篆足之。或一字两法，人多不知。”

33.《龙龛手鉴》 4卷 辽 僧行均

录26 430字，于《说文》、《玉篇》外多所搜辑，虽多录佛经中字，然不专以释典为主。

34.《六书统》 20卷 元 杨桓

以六书统诸字，所立之例纷如乱丝。变乱古文，始于戴侗，而成于杨桓。

35.《周秦刻石释音》 1卷 元 吾邱衍

据宋杨文昺之书，取《石鼓文》、《诅楚文》、《泰山峄山碑》。

36.《字鉴》 5卷 元 李文仲

据《说文》以订后来沿袭之谬。

37.《说文字原》 1卷 《六书正讹》 5卷 元 周伯琦

推衍《说文》者半，参以已见者亦半。不及张有《复古编》之精密，亦不如杨桓《六书统》之糅杂。

38.《汉隶分韵》 7卷 佚名

取洪适所集汉隶，依次编纂。

39.《六书本义》 12卷 明 赵抝谦

大抵祖述郑樵之说。以《说文》540部并为360部。

40.《奇字韵》 5卷 明 杨慎

编释字体之稍异者，然多遗漏。

41.《古音骈字者》 1卷 《续编》 5卷 明 杨慎 清 庄履丰 庄鼎铉

取古字通用者以韵分之，各注引用书名于其下，于古音颇有考证，但遗缺过多。

42.《俗书刊误》 12卷 明 焦竑

刊正讹字。

43.《字孪》 4卷 明 叶秉敬

取字形似而义殊者分类诂之，与郭忠恕《佩觿》大旨略同，每字缀以四言歌诀。

44.《康熙字典》 42卷

《说文》体皆篆籀，不便施行。《玉篇》字无次序，亦难检阅。《类篇》以下诸书，惟好古者用之。世所通用，惟梅膺祚《字汇》、张自烈《正字通》。然梅书疏舛，张书尤芜杂。康熙四十九年，谕陈廷敬等编此书。共119部，以字画之多寡为序，每字下列《唐韵》、《广韵》、《集韵》、《韵会》、《正韵》之音，训释其义，次列别音、别义，次列古音。

45.《御定清文鉴》 32卷 《补编》 4卷 《总纲》 8卷 《补总纲》 2卷 乾隆三十六年奉敕撰

为满汉字典。

许慎《说文》9 000 字，李登《声类》11 520 字，陆法言《切韵》12 056 字，陈彭年《重修广韵》26 194 字。

46.《御定满洲蒙古汉字三合切音清文鉴》 33 卷　乾隆四十四年奉敕撰

满、蒙、汉对译字典。

47.《钦定西域同文志》 24 卷　乾隆二十八年奉敕撰

满、汉、蒙古、西番、托忒、回字对译字典。

48.《篆隶考异》 2 卷　周靖

辨别篆隶同异，用意与张有《复古编》相类。

49.《隶辨》 8 卷　顾蔼吉

根据娄机《汉隶字源》，续收汉碑之出于机后者。

以上小学字书之属。

50.《广韵》 5 卷　佚名

今所传《广韵》有二本，一为陈彭年等重修，一即此本。唐代有几家曾修《广韵》，此本即其中之一。

51.《重修广韵》 5 卷　宋　陈彭年、邱雍等奉敕撰

隋陆法言等撰《切韵》5 卷，长孙讷言为之注，孙愐作序重加刊定，改称《唐韵》，历代递有增益。宋初陈彭年等重修，其书 206 韵仍陆氏之旧，收 26 194 字（《切韵》为 12 158 字），注文 19 万字，较旧本为详，而冗漫颇甚。

52.《集韵》 10 卷　旧题　宋　丁度等奉敕撰

不满陈彭年等多用旧文，繁略失当，而新修。参与者丁度、贾昌朝、王洙、李淑、司马光等。收 53 525 字，归并 13 韵。

53.《切韵指掌图》 2卷　附《检例》 1卷　宋　司马光

光书以36字母，区分20图。元邵光祖补《检例》。其法有音和、类隔、双声、叠韵、凭切、凭韵、寄声、寄韵，与刘鉴之法同。

等韵之说，自后汉与佛经俱来。然《隋书》仅有十四音之说，而不明其例。《华严》42字母亦自为梵音，不隶以中国之字。《玉篇》后载神珙二图，《广韵》后列一图，不著名氏，均粗举大纲，不及缕举节目。其有成书传世者，惟光此书为最古。《大典》本。

54.《韵补》 5卷　宋　吴棫

旧称朱子作《诗集传》根据此书，实非。

此书泛取旁搜，无所持择，参差冗杂，漫无体例。然自宋以来，著一书以明古音者，实自棫始。

55.《附释文互注礼部韵略》 5卷 《附贡举条式》 1卷

可能为丁度所作。此为科举之程式，宋初科举用韵尚漫无章程，因撰此书。然收字颇狭，后屡请增收。

56.《增修互注礼部韵略》 5卷　宋　毛晃增注　毛居正重增

又称《增韵》。毛晃2 655字，订正485字，毛居正又增1 402字，但不知古今文字声韵之别，不及欧阳德隆之本，但辨正训诂，考定点画，故后来字书韵书多所征引，《洪武正韵》据是书尤多。

57.《增修校正押韵释疑》 5卷　宋　欧阳德隆撰　郭守正增修

亦称《紫云韵》。据《礼部韵略》辨其字义异同，能否通押，考证颇详密。

58.《九经补韵》 1卷　宋　杨伯岩

《礼部韵略》与九经同列学官，人莫敢出入，然《韵略》收字少，奏请增字特严，是书摭九经中79字补入。

59.《五音集韵》 15卷 金 韩道昭

以三十六母各分四等，排比诸字之先后，此即以等韵颠倒字纽之始。字则以《广韵》、《集韵》为蓝本。

60.《古今韵会举要》 30卷 元 熊忠

旧题黄公绍编辑，熊忠举要，实熊忠所作也。自韩道昭以等韵颠倒字纽而韵书一变，刘渊《新刊礼部韵略》始合并通用之部分，而韵书又一变。忠此书字纽遵韩，部分从刘韵书，乃尽变无遗。是书今古韵不别，文繁例杂，但援引浩博，足资考证。

61.《四声等子》 1卷 佚名

论等韵之书，除司马光外，此书最古，刘鉴《指南》即以本书为根据。

62.《经史正音切韵指南》 1卷 元 刘鉴

以司马光书及《四声等子》为根据，增以格子门法，于出切行韵取字，乃始分明，故学者便之。故言等韵者至今多称《切韵指南》。

63.《洪武正韵》 16卷 明 宋濂、刘基等奉敕撰

大旨斥沈约为吴音，一以中原之韵更正其失，并古韵206部为76部，注释以毛晃《增韵》为本。事实上指斥者为陆法言以来之韵，非沈约之韵。此书虽官定，但竟不能通行于天下。

64.《古音丛目》 5卷 《古音猎要》 5卷 《古音余》 5卷 《古音附录》 1卷 明 刘慎

仿吴棫《韵补》，以今韵分部，而以古音之相协者分隶之，然条理多不精密。慎博洽过陈第，而洞晓古音之根柢则不及之。

65.《古音略例》 1卷 明 杨慎

取《易》、《诗》、《礼记》、《楚词》、《老》、《庄》、《荀》、《管》诸子有

韵之词，标为略例。

66.《转注古音略》 5 卷 明 杨慎

大旨谓《毛诗》、《楚词》有叶韵，其实不越保氏转注之法。

67.《毛诗古音考》 4 卷 明 陈第

言古韵者自吴棫《韵补》始，然庞杂割裂，谬种流传，古韵乃以益乱。顾炎武作《诗本音》，江永作《古韵标准》，以经证经，始廓清妄论。而开除先路，则此书实为首功。

大旨以为古音与今异。今所称叶韵，皆即古人之本音，非随意改读，辗转牵就。

分本证、旁证。本证者，《诗》自相证；旁证者，以他书相证。钩稽参验，本末秩然，实古韵之津梁也。共列 444 字。

68.《屈宋古音义》 3 卷 明 陈第

取屈、宋 38 篇中韵与今殊者 234 字，各推其本音，与《毛诗古音考》互相发明。

69.《钦定音韵阐微》 18 卷 康熙五十四年奉敕撰

定反切之法，上字为母，下字为韵。

70.《钦定同文韵统》 6 卷 乾隆十五年奉敕撰

以梵文藏译汉音。

71.《钦定叶韵汇辑》 58 卷 乾隆十五年奉敕撰

字数、部分皆仍《佩文诗韵》。惟以今韵之离合，别古韵之异同。

72.《钦定音韵述微》 30 卷 乾隆三十八年奉敕撰

73.《音论》 3卷 顾炎武

74.《诗本音》 10卷 顾炎武

75.《易音》 3卷 顾炎武

76.《唐韵正》 20卷 顾炎武

77.《古音表》 2卷 顾炎武

以上为顾氏《音学五书》。

《音论》为五书之纲领。持论精博，自陈第以来，迄为正宗。

《诗本音》主陈第诗无叶韵之说，不用吴棫之说，大抵密于陈第而疏于江永。南宋以来，随意叶读之谬论，始一一廓清。

《易音》即《周易》以求古音。

《唐韵正》以古音正《唐韵》之讹。

《古音表》凡分十部。

78.《韵补正》 1卷 顾炎武

批评吴棫《韵补》。

79.《古今通韵》 12卷 毛奇龄

80.《易韵》 4卷 毛奇龄

二书均反对顾炎武。《古今通韵》创五部、三声、两界、两合之说。其病在执今韵部分以求古音，然援据浩博。

《易韵》亦为论《易》中韵文，大抵引证之博，辨析之详，奇龄过于炎武。至于通其可通，缺其所不可通，则奇龄不及炎武之详慎。

81.《唐韵考》 5卷　纪容舒

徐铉校《说文》，用《唐韵》（孙愐增订之《切韵》，为唐代场屋程式）。纪容舒据之以考订《唐韵》。《唐韵》分合之例与宋韵改并之迹，可见大概。

82.《古韵标准》 4卷　江永

以《诗》三百为主，谓之诗韵，而以周秦以下音之近古者谓之补韵。界限较明，体例最善。古韵之有条理者，以此书为最。

以上小学韵书之属。

83.《六艺纲目》 2卷　元　舒天民

取《周礼·保氏》六艺之文，因郑玄之注，标为条目，各以四字韵语括之。

史　学

一、正史

1.《史记》 130 卷　汉　司马迁撰　褚少孙补

凡 12 本纪、10 表、8 书、30 世家、70 列传，其 10 篇未成，褚少孙所补。年代久远，有所增窜，然自晋唐以来，传本无大异。此书为我国史书之鼻祖，记事精审，为他书所难及；结构严整，为后世所取法；记载通贯，穷古今之变革；文笔流畅，篇章可诵；人物传神，栩栩如生。后人继步，已积累至二十四史，实为我国史学精萃之集大成者。

2.《史记集解》 130 卷　宋　裴骃

骃以徐广《史记音义》简略，乃采九经诸史作此书，多引先儒旧说。

3.《史记索隐》 30 卷　唐　司马贞

因《史记》旧注或散佚，或疏漏，乃因裴骃《集解》作此书，如陆德明《经典释文》之例，惟标所注之字，盖经传别行之古法。又欲改本纪、世家数篇之名及次序，并谓司马迁述赞不安而别为之。

4.《史记正义》 130 卷　唐　张守节

亦标字列注，如《索隐》之例，其长在于地理。

5.《读史记十表》 10卷 清 汪越撰 徐克范补

考校颇精密。

6.《史记疑问》 1卷 清 邵泰衢

《史记》采众说以成书，征引浩博，不免牴牾。此书抉其疏舛，大抵参互审勘，得其间隙，故所论多精确不移。

7.《汉书》 120卷 汉 班固撰 班昭续

《南史·刘之遴传》载有《汉书》真本，《四库》详辨其伪。固作此书有受金之谤，又有窃据父书之谤，实均无其事。

颜师古注条理精密，实为独到。

8.《班马异同》 35卷 旧题 宋 倪思 或题 刘辰翁

实非刘辰翁作。比较《史》、《汉》字句异同以参观得失。

9.《后汉书》 120卷 宋 范晔 唐 李贤（章怀太子）注

范书实90卷，无志。后人以司马彪《续汉书》志30卷补足。

10.《补后汉书年表》 10卷 宋 熊方

范书无表，熊方为之补，证据一本范文，义例仿之《前汉》。钩考精详，条目灿然。

11.《两汉刊误补遗》 10卷 宋 吴仁杰

刘敬、刘奉世、刘邠有《两汉刊误》，于旧文多所改正。吴仁杰继作此书，引据赅洽，考证详悉，实胜三刘原书。

12.《三国志》 65卷 晋 陈寿撰 宋 裴松之注

魏志30卷、蜀志15卷、吴志20卷。以魏为正统，至习凿齿《汉晋春秋》又以蜀为正统。裴松之作注杂引诸书，往往嗜奇爱博，颇伤芜杂，然网罗繁富，凡六朝旧籍今所不传者，尚一一见其崖略，又多首尾完具，故征引者反多于陈寿本书。

13.《三国志辩误》 3卷 佚名

《三国志》简质有法，古称良史，而亦不免牴牾，是书辨陈书、裴注之误共57条。

14.《三国志补注》 6卷 附《诸史然疑》 1卷 清 杭世骏

《补注》颇芜杂，《然疑》为世骏纠诸史之疏漏43条。

15.《晋书》 130卷 唐 房乔等

唐初尚存《晋史》18家，唐太宗令作此书。其所褒贬，略实行而奖浮华；其所采择，忽正典而取小说。《世说新语》及刘孝标注几全部收入，是直稗官之体。正史中，此书及《宋史》最劣。有唐何超《音义》三卷。

16.《宋书》 100卷 梁 沈约

纪10，志30，传60，无表。八志中符瑞为赘疣，州郡亦疏略，礼、乐较善。

17.《南齐书》 59卷 梁 萧子显

纪8，志11，传40，其叙传则佚。文伤蹇踬，而义甚优长，为序例之美者。其中附会纬书，推阐禅理。列传尤冗杂。而直书无隐，不失是非之公。

18.《梁书》 56卷 唐 姚思廉

承其父姚察遗稿，用力甚勤，但亦多矛盾。持论平允，尚具史法。

19.《陈书》 36卷 唐 姚思廉

根据其父姚察遗稿及顾野王、傅縡、陆琼三家《陈书》，然思廉之力独多，故体例秩然，出于一手，不似《梁书》之参差。

20.《魏书》 114卷 北齐 魏收

此书缺失部分，系取魏澹、张太素二家《后魏书》补足。是书为世所诟，谓之秽史，如谓受尔朱荣子金，附杨愔、高德正、阳休之，为其家作佳传等，其实并无根据。盖收恃才轻薄，有惊蛱蝶之称，德不足以服众，又魏齐世近，著名史籍者并有子孙。秽史之说过甚其词，收叙事详赡，而条例未密。

21.《北齐书》 50卷 唐 李百药

承其父李德林之业，残缺部分，以《北史》补足。

22.《周书》 50卷 唐 令狐德棻等

贞观中，修《梁》、《陈》、《周》、《齐》、《隋》五史，其议自德棻发之，而德棻专领《周书》。其书残阙殊甚，多取《北史》补之。刘知幾诋此书。

23.《隋书》 85卷 唐 魏徵等

多人集体合作，矛盾较多。其十志为后世推崇，而十志内容包括梁、陈、齐、周、隋五代，盖本为五代史志，非专为《隋书》作也。律历、天文二志与《晋书》重复。经籍志编次无法，述经学源流每多舛误，在十志中为最下，然汉以后之艺文，借此考见。

24.《南史》 80卷 唐 李延寿

承其父大师之志。先成《南史》，后世称延寿之书删烦补缺，为近世佳史。延寿当日致力《北史》，《南史》不过因宋、齐、梁、陈之旧文。

25.《北史》 100卷 唐 李延寿

本纪12，列传88。叙事详密，首尾典赡。视《南史》之多仍旧本者迥出两手，惟其以姓为类，分卷无法。《南史》以王、谢分支，《北史》以崔、卢系派，故家世族一例连书，览其姓名则同为父子，稽其朝代则各有君臣参错混淆，殆难辨别。此书残缺甚少。

26.《旧唐书》 200 卷 晋 刘昫等

长庆以前，本纪惟书大事，简而有体；列传叙述详明，赡而不秽。颇存班、范旧法。长庆以后，本纪语多支蔓，列传多叙官资，繁略不均。按吴兢曾撰《唐史》，讫于开元，其后史官续增，刘昫等以吴兢旧稿为蓝本。长庆以后，史失其官，昫等自纂，动乖体例，平心而论，盖瑕瑜不掩之作。

27.《新唐书》 225 卷 宋 欧阳修 宋祁

自称事增于前，文省于旧。刘安世谓事增文省，正是新书之失！盖事增则易流猥杂，文省则势成涩体。

28.《新唐书纠谬》 20 卷 宋 吴缜

驳正《新唐书》讹误，凡二十门四百余事。大多吹毛索瘢，然欧、宋意在文章而疏于考证，牴牾踳驳本自不少。缜自序中所举八失，亦深中其病。

29.《旧五代史》 150 卷 宋 薛居正

纪 61，志 12，传 77。多据累朝实录及范质《五代通录》为稿本，后薛史亡佚，《大典》中多载其文，遂得辑成全书。按欧史文章极工，体例谨严，而于情事不能详备，薛史秉笔者均逮事五代，虽文体平弱，叙次烦冗，而遗闻琐事，反借以获传。又欧史仅《司天》、《载方》二考，诸志俱缺，薛史则有十二志。

30.《新五代史记》 75 卷 宋 欧阳修

私撰。褒贬祖《春秋》，故义例谨严。叙述祖《史记》，故文章高简。而事实则不甚经意。又此书无志，是为大失。

31.《五代史记纂误》 3 卷 宋 吴缜

从《大典》辑出，此书抉其阙误，无不疏通剖析，切中症结，故宋代颇推重之。

32.《宋史》 496 卷　元　托克托

卷帙繁多，大旨为表章道学，余事皆不甚措意，舛谬不能殚数。其中纪传互异，志传互异，传文互异。又宋人国史，北宋详而南宋略，此书亦因此弊，故柯维骐以下，屡有改修。

33.《辽史》 116 卷　元　托克托

辽制书禁甚严，不得传播境外，故修史时可参考者仅耶律俨、陈大任二家之书，又一年修成，无暇旁搜，潦草成编。

34.《辽史拾遗》 24 卷　清　厉鹗

拾《辽史》之遗，有注有补，采掇群书三百余种，凡有异同，分析考证，缀以按语，厉鹗自比裴注《三国志》。

35.《金史》 135 卷　元　托克托

修史时，可参考之书甚多（如《大金吊伐录》，《元好问遗稿》，刘祁《归潜志》，及张柔、王鹗之书），且元代长期准备修《金史》，与《宋》、《辽》二史取办仓卒者不同，故首尾完整，条例整齐，约而不疏，赡而不芜，于三史中独为最善，惟列传多疏舛。

36.《元史》 210 卷　明　宋濂等

《元史》之病，不在蒇事之速（仅半年），而在始事之骤（洪武二年），盖当时元人说部文集或未成，或未出，势不能裒合众说，参定异同。但此书例体亦不协。

37.《钦定辽金元三史国语解》 46 卷　乾隆四十六年奉敕撰

以索伦语正《辽史》，以满洲语正《金史》，以蒙古语正《元史》。

38.《明史》 336 卷　张廷玉等

15 年成书，用王鸿绪《明史稿》为蓝本。

二、编年史

1.《竹书纪年》 2卷

伪。《四库》引前人之征引《竹书纪年》以核之甚详，所引有《晋书·束皙传》、杜预《左传》注、郭璞《穆天子传》注、《隋书·经籍志》、郦道元《水经注》、刘知幾《史通》、李善《文选注》、瞿昙悉达《开元占经》、司马贞《史记索隐》、杨士勋《穀梁传疏》、王存《元丰九域志》、罗泌《路史》、鲍彪《国策注》、董逌《广川书跋》。此书旧题沈约注，亦伪托。

2.《竹书统笺》 12卷 清 徐文靖

注《竹书纪年》，实伪书也，但较孙之騄为精密。

3.《汉纪》 30卷 汉 荀悦

汉献帝令荀悦改写《汉书》为编年体。刘知幾极推崇之，顾炎武则病其索然寡味。

4.《后汉纪》 30卷 晋 袁宏

体例仿荀悦书，而又参考张璠《后汉书》，璠书今已亡佚。悦书翦裁班固旧文，而此书则抉择去取，自出鉴裁，刘知幾亦推重之。

5.《元经》 10卷 旧题 隋 王通撰 唐 薛收续 宋 阮逸注

此书实阮逸伪造。王通隋时作史，何以预避李虎、李渊讳？陈师道、何薳、邵博并称逸作此书，曾以稿本示苏洵。其书无可取。（书始于晋太熙元年，终隋开皇九年。末卷称收所续，自隋开皇十年，迄唐武德元年。）

6.《大唐创业起居注》 3卷 唐 温大雅

记唐高祖起兵至即位357日事，时大雅为记室参军，主文檄，得之见闻，记录当真。与《唐史》有出入。

7.《资治通鉴》 294 卷　宋　司马光　元　胡三省音注

凡十九年而成，光自称精力尽于此书，正史而外采杂史 322 种。助之者刘攽、刘恕、范祖禹，故其书网罗宏富，体大思精，为前古之所未有。

胡三省注极通赅，即《通鉴》小有牴牾，亦必明著其故。

8.《资治通鉴释文辨误》 12 卷　元　胡三省

南宋史炤作《通鉴释文》，浅陋特甚，胡三省刊正之。援据精核。

9.《通鉴胡注举正》 1 卷　清　陈景云

参订胡三省音注之误，凡 63 条，而所正地理居多，颇为精核。

10.《通鉴地理通释》 14 卷　宋　王应麟

《通鉴》所载地名异同沿革最为纠纷，因作是编，首历代州域，次历代都邑，次十道山川，次历代形势，而终以唐河湟 11 州、石晋 16 州、燕云 16 州，征引浩博，考核明确。

11.《资治通鉴考异》 30 卷　宋　司马光

光作《通鉴》，参考极多，传闻异辞，光择其可信者从之，复参考同异，别为此书。

12.《资治通鉴目录》 30 卷　宋　司马光

《通鉴》浩繁，读者倦于披寻，此编提纲挈要，其体全仿年表，标明卷数，使知某事在某年，某年在某卷。

13.《通鉴释例》 1 卷　宋　司马光

修《通鉴》时所定凡例。南渡后其曾孙司马伋整理刊行，后附司马光与范祖禹论修书帖二通。其书杂出于南渡后，恐不无以意损益。

14.《稽古录》 20 卷　宋　司马光

上溯伏羲，下讫英宗，论历代兴衰治乱之故。

15.《通鉴外纪》 10卷 《目录》 5卷 宋 刘恕

刘恕助司马光修《通鉴》，又有志修《前纪》、《后纪》，此为临终前口授，其子录成，改名《外纪》，包羲以来1卷，夏商共1卷，周纪8卷，目录则全用《通鉴》目录例。金履祥诋其好奇。

16.《皇王大纪》 80卷 宋 胡宏

上起盘古，下讫周末，前二卷皆粗存名号事迹，尧以后始用《皇极经世》编年，博采经传，附以论断。陈振孙讥其误取庄子寓言，然较罗泌《路史》则切实多矣。

17.《中兴小纪》 40卷 宋 熊克

排次南渡事迹，自建炎至绍兴，年经月纬，勒成一书。陈振孙称其疏略多牴牾。盖以当时之人记当时之事，耳目未周，然上援朝典，下参私记，缀辑联贯，具有条理。《大典》本。

18.《续资治通鉴长编》 520卷 宋 李焘

仿《通鉴》之例，备采一祖八宗事迹而成此书，历四十年而成。《癸辛杂识》称焘为《长编》，以木厨十枚，每厨抽替匣二十枚，每替以甲子志之。凡本年之事有所闻，必归此匣，分日月先后次第之，井然有条。后世传流仅前五朝175卷，而《大典》中保存较多，但缺徽、钦及熙宁、绍圣间7年事。

19.《纲目续麟》 20卷 《校正凡例》 1卷 《附录》 1卷 《汇览》 1卷 明 张自勋

是书为改正朱熹《纲目》者。

20.《纲目分注补遗》 4卷 清 芮长恤

按朱子因《通鉴》而作《纲目》，因分注浩繁，属其事于赵师渊。此编为补分注之遗。

21.《纲目订误》 4卷 清 陈景云

初尹起莘作《通鉴纲目发明》，凡有疑义，率委曲以通其说。周密始纠《纲目》之失，后张自勋、芮长恤递有订正，是书捃摭诸家所未及，虽未免稍涉吹求，然多指摘精确。

22.《大事纪》 12卷 《通释》 3卷 《解题》 12卷 宋 吕祖谦

取《史记》年表所书编年系月，以纪周敬王迄汉武时事，采辑诸书以广之。《通释》录经典中要义格言，《解题》略具本末，而附以己见。

23.《建炎以来系年要录》 200卷 宋 李心传

述高宗朝36年事迹，仿《通鉴》例，编年系月与李焘《长编》相续，以国史日历为主，而博采群书，繁而不冗。大抵李焘学司马光而或不及光，心传学李焘而无不及焘，宏博典要，非熊克、陈均所能追步。

24.《宋九朝编年备要》 30卷 宋 陈均

取日历、实录及李焘书，删繁撮要，记北宋九朝事迹。

25.《续宋编年资治通鉴》 15卷 宋 刘时举

记高宗至宁宗时事。记事以简约为主。

26.《西汉年纪》 30卷 宋 王益之

《通鉴》所记西汉系根据班、马、荀悦，其余鲜所采掇。此书旁取《楚汉春秋》、《说苑》诸书，视《通鉴》详密，考异亦精审。《大典》本。

27.《靖康要录》 16卷 佚名

陈振孙已不知作者为谁，按洪迈曾作《钦宗实录》40卷，此书可能撮要提纲而成，记钦宗在位一年事，详载政制诏诰及对金和战事。按宋史，前有李焘书而缺徽、钦，后有熊克、李心传书而惟载高宗一朝，徐梦莘书惟录与金有关之事。此书虽叙事太略，载文太繁，而适补其所阙。

28.《两朝纲目备要》 16卷 佚名

记光宗、宁宗两朝事，本两朝实录，参以李心传之书，叙次简略。

29.《宋季三朝政要》 6卷 佚名

宋遗老纂集理、度二朝及幼主本末，附以广、益二王事。但未见国史，故所记反略于《宋史·理宗本纪》，且多舛误。而宋末轶事颇详，多有史所不载者。

30.《宋史全文》 36卷 佚名

前人以为李焘作，实非。是书靖康以前，本于焘书，高、孝二代取诸留正之《中兴圣政草》，光、宁以后为自编，度宗、少帝、益王、广王俱有录无书。

31.《通鉴前编》 18卷 《举要》 3卷 宋 金履祥

刘恕作《外记》，不本于经而信百家之说。此书则以《尚书》为主，下及《诗》、《礼》、《春秋》，旁采旧史诸子。自尧以下接于《资治通鉴》。意在引经据典，以纠刘恕之好奇。惟履祥亦好持新说，去取失当，未必在恕书之上。

32.《通鉴续编》 24卷 旧题 元 陈桱

桱实为明初人。世传史学。其书首卷述盘古至高辛氏，以补金履祥所未备，摭契丹在唐及五代事为第二卷，其余22卷述宋一代史事。大书分注，全仿《纲目》。

33.《大事记续编》 77卷 明 王祎

续吕祖谦《大事记》，自汉武至五代末，何乔新称此书予夺褒贬与《纲目》不合，惟考证尚好，前贤议论荟萃尤多。

34.《元史续编》 16卷 明 胡粹中

自世祖至顺帝，编年系月，大书分注，全仿《纲目》之例。其议论学步宋儒，未免优孟衣冠，过于刻划。商辂修《续纲目》，全取此书为蓝本。

35.《皇清开国方略》 32 卷　乾隆三十八年奉敕撰

自太祖至入关事。

36.《御批通鉴辑览》 116 卷　附《明唐桂二王本末》 2 卷　乾隆三十二年奉敕撰

自黄帝至明末。

37.《御定通鉴纲目三编》 40 卷　乾隆四十年奉敕撰

初，张廷玉等奉敕采明代史事撰《通鉴纲目三编》，以续朱子、商辂之书，然史事多缺漏，译名沿袭旧文，乃重加编纂，大书体例皆遵《通鉴辑览》，细注则详核史传。

三、纪事本末

1.《通鉴纪事本末》 42 卷　宋　袁枢

取《通鉴》所载编成，始于三家分晋，终于周世宗征淮南，是为纪事本末体之创始。枢所缀集虽不出《通鉴》原文，而去取翦裁，义例极为精密。

2.《春秋左氏传事类始末》 5 卷　宋　章冲

以《左传》改编成纪事本末，后于袁枢书九年，殆踵枢之义例而作。

3.《三朝北盟会编》 250 卷　宋　徐梦莘

自政和七年至绍兴三十一年，共 45 年，引书 196 种。凡宋金通和用兵之事，悉为胪载，皆征引全文，无所去取。虽失于抉择，然博淹贯通，南宋诸野史中，自李心传《系年要录》以外，未有能过之者。

4.《蜀鉴》 10 卷　佚名

李文子属郭元蹈作，后世误谓李文子作。此书叙自秦至北宋史事，每事各标总题如纪事本末，每条有纲有目有论，如朱子《通鉴纲目》。南渡后楚蜀势重要，故此书于战守胜败之迹、军事地形极详细，其意在励恢复之气。

5.《炎徼纪闻》 4卷 明 田汝成

汝成久官广西，取西南兵事作书14篇，如王守仁征岑猛、大藤峡、云南夷事等。所载较史为详，且得之身历，取所见闻记之。

6.《宋史纪事本末》 26卷 明 陈邦瞻

是书采冯琦稿本十之三，邦瞻自作十之七。分109目。于两宋兴废治乱之迹略具梗概，铨叙颇有条理。

7.《元史纪事本末》 4卷 明 陈邦瞻

《元史》及商辂《续纲目》潦草简略，此书悉据二史，故不能如《宋史纪事本末》之赅博，而对元代推步、科举、学校、漕运、河渠诸大政记载颇明晰。共27目。

8.《平定三逆方略》 60卷 康熙二十一年 勒德洪等奉敕撰

平定吴三桂、尚之信、耿精忠事。

9.《亲征朔漠方略》 40卷 康熙四十七年 温达等撰进

记康熙三十五年征噶尔丹事，始于康熙十六年噶尔丹入贡，终于康熙三十七年策妄献噶尔丹尸为止。

10.《钦定平定金川方略》 32卷 乾隆十三年 来保撰进

记乾隆十三年傅恒平定金川沙罗奔。

11.《御定平定准噶尔方略》前编54卷 正编85卷 续编33卷 乾隆三十七年 傅恒等撰进

前编记康熙三十九—乾隆十七年，策妄构衅，策凌归附，达瓦齐自立，准噶尔内乱事。

正编记乾隆十八—二十五年，征准噶尔，定伊犁，俘达瓦齐，诛阿睦尔撒纳、霍集占事。

续编记乾隆二十五—三十年，列戍开屯，设官定赋。

12.《钦定平定两金川方略》 152卷　乾隆四十六年　阿桂撰进

记平定两金川事，自乾隆二十年至四十四年。

13.《钦定临清纪略》 16卷　乾隆四十二年　于敏中等撰进

记乾隆三十九年镇压临清王伦起义。

14.《钦定兰州纪略》 20卷　乾隆四十六年奉敕撰

记乾隆辛丑回民苏四十三陷河州、攻兰州及被镇压事。

15.《钦定石峰堡纪略》 20卷　乾隆四十九年奉敕撰

苏四十三余部田五、张文庆、马四娃等于乾隆四十九年夏起义，福康安、阿桂征之，围之于石峰堡。

16.《钦定台湾纪略》 70卷　乾隆五十三年奉敕撰

镇压台湾林爽文、庄大田事。

17.《绥寇纪略》 12卷　清　吴伟业

专记崇祯时农民起义，分十二篇。记事尚颇近实，然回护杨嗣昌、左良玉，亦涉恩怨之私。

18.《明史纪事本末》 80卷　清　谷应泰

仿袁枢之例，记明一代史事，共80目。时《明史》未出，无所折中，不免沿野史传闻之误（如建文事），然评略得中，极为淹贯。

19.《滇考》 2卷 清 冯甦

甦官云南时作。自庄跻通滇至明末清初，掇其大事，成37篇。

20.《绎史》 160卷 清 马骕

仿袁枢之例，记开辟至秦末之事。事迹皆博引古籍，排比先后，疏通辨证，别录亦荟萃诸书之文，搜罗繁富，词必有征，非罗泌、胡宏所能及。

21.《左传纪事本末》 53卷 清 高士奇

因章冲《左传事类始末》而广之，并有补逸、考异、辨误、考证、发明。较冲书后来居上。

22.《平台记》 11卷 附《东征集》 6卷 清 蓝鼎元

记镇压朱一贵起义事，始于康熙六十年，迄于雍正元年。时鼎元在军营，记其见闻。《东征集》载军中公牍书檄。

23.《鸿猷录》 16卷 明 高岱

凡60事，起于明太祖起兵，止于追戮仇鸾，皆事之关于用兵者。

24.《永陵传信录》 6卷 明 戴笠

记嘉靖时史事。

25.《高庙纪事本末》 无卷数 佚名

载明太祖事迹40篇，大抵钞撮实录之文。

26.《三藩纪事本末》 4卷 清 杨陆荣

载福、唐、桂三藩事。

四、别史

1.《逸周书》 10卷

旧称《汲冢周书》，实非汲冢所出。司马迁、许慎、马融、郑玄皆曾征引及之，《汉书·艺文志》已有著录。所载武王伐纣事颇与儒家所传不同。陈振孙以为战国后人所为，然《左传》中已征引此书。此书缺 11 篇。

2.《东观汉记》　24 卷　旧题　刘珍撰

此书实为后汉东观诸人所修之当代史。始事于班固，一续于安帝时刘珍、李尤，二续于桓帝时伏无忌、黄景等，三续于熹平时蔡邕、杨彪、卢植等。是书晋时与《史记》、《汉书》并为三史，唐代此书遂微。《隋志》著录 143 卷，新旧《唐书》则云 126 卷，北宋仅有残本 43 卷，南宋《中兴书目》只具 8 卷，元以后此书已佚。清姚之骃曾搜辑遗文，《四库》诸人又据姚本与《大典》所载，辑为 24 卷。

3.《建康实录》　20 卷　唐　许嵩

记六朝事迹，起吴大帝，讫陈后主，凡四百年。为例不纯，有乖史法，然引据广博，多出正史以外，唐以来考六朝遗事者多援以为征。

4.《隆平集》　20 卷　旧题　宋　曾巩

实出伪托，非巩所撰，但亦北宋旧籍也。记太祖至英宗五朝事，分 24 目，体似会要；又立传 284，各以其官为类。

5.《古史》　60 卷　宋　苏辙

辙不满《史记》，因而改作。自伏羲、神农至秦始皇，自谓追录圣贤遗意，而颇言释老。

6.《通志》　200 卷　宋　郑樵

凡帝纪 18，后传 2，年谱 4，略 51，列传 125。纪、传删录诸史，年谱仿《史记》诸表。其平生精力在二十略。《氏族略》多挂漏，《六书略》多穿凿，《天文略》只载《丹元子步天歌》，《地理略》全钞杜佑《通典》，《谥略》疏漏，《器物略》与《金石略》复出，《礼》、《乐》、《职官》、《食货》、《选举》、《刑法》六略亦删录《通典》无所辨证，《艺文略》分门太繁，《金石略》脱略十之八九，《灾祥略》悉抄诸史五行志，《草木昆虫略》

则并《诗经》、《尔雅》之注疏亦未能详核。然采摘浩博、议论警辟，虽纯驳互见而瑕不掩瑜。

7.《东都事略》 130卷 宋 王偁

采北宋九朝事迹，为12本纪，5世家，105列传，8附录。叙事约而该，议论亦持平。南宋诸人不满其书，盖偁闭门著述，不入讲学宗派耳。宋人私史卓然可传者，李焘、李心传与此书而三。

8.《路史》 47卷 宋 罗泌

前纪8卷（三皇至阴康无怀之事），后纪14卷（太昊至夏履癸），国名纪8卷（上古至三代诸国姓氏地理），发挥6卷，余论10卷（辨难考证之文）。古事茫昧，此书多采纬书及道家依托之言，皆不足据，然引据浩博，文采瑰丽。

9.《契丹国志》 28卷 宋 叶隆礼

帝纪12卷，列传7卷，晋降表宋辽誓书议书1卷，馈贡礼物数1卷，地理及典章制度2卷，行程录及诸杂记4卷。钱曾推重之，而苏天爵则讥其失实甚。大抵此书根据《资治通鉴》、李焘《长编》、欧《史》、《松漠纪闻》、《燕北杂记》等书，全袭其词。但当时史籍尚多，今已亡佚，故所录亦颇有可据。

10.《大金国志》 40卷 旧题 宋 宇文懋昭

恐为元人伪托，或元人增益懋昭之书，因：①金亡后五日即进是书，无如此之速；②进书在理宗时而不讳济邸之废；③斥金宋而独称元兵为大军；④多录元好问之文。

记金太祖至哀宗9主117年，凡26纪、4传及杂录制度行程等，可与《金史》参证。

11.《古今纪要》 19卷 宋 黄震

撮举诸史，括其纲要，上自三皇，下迄宋哲宗，词约事该，颇有条贯。

12.《续后汉书》 47 卷　宋　萧常

改写陈寿《三国志》，以正统予蜀，取材多自陈《志》、裴《注》，大旨在书法不在事实。

13.《续后汉书》 90 卷　元　郝经

亦改写陈寿书，升昭烈为帝纪，黜吴、魏为列传。《大典》本。

14.《春秋别典》 15 卷　明　薛虞畿

15.《钦定历代纪事年表》 100 卷　康熙五十五年御定

周清源、王之枢等修，起唐尧，止元顺帝，凡 3 725 年。

16.《钦定续通志》 527 卷　乾隆三十二年奉敕撰

纪、传、谱、略一仍郑樵之旧。惟列传改定二例：①异名者归一；②不备者增修。二十略变其例三：①《艺文略》补撰人名氏爵里；②《图谱略》重分十目；③《昆虫草木略》补阙正讹。

17.《历代史表》 53 卷　清　万斯同

诸正史均无表，斯同仿《史记》、《汉书》、《新唐书》之例，为补表九种，网罗繁富，端绪历然。

18.《藏书》　68 卷　明　李贽

自战国至元，编为纪传，自序曰：“千百余年……咸以孔子之是非为是非，固未曾有是非耳。”《四库》极攻之：“贽书皆狂悖乖谬，非圣无法。惟此书排击孔子，别立褒贬。凡千古相传之善恶无不颠倒易位，尤为罪不容诛。其书可毁，其名亦不足以污简牍。”

19.《续藏书》 27卷 明 李贽

为明人作纪传。《四库》称："贽所著《藏书》，为小人无忌惮之尤。……因自记其本朝之事，故议论背诞之处，比《藏书》为略少。然冗杂颠倒，不可胜举……种种踳驳，毫无义例，总无一长之可取也。"

20.《函史上编》 51卷，《下编》 21卷 明 邓元锡

仿郑樵《通志》，郑书之病，纪、传病于因，二十略病于创，而邓元锡适相反，纪、传名目繁多（表、纪、志、内纪、谟、述、训），北齐、周、隋、辽、金则不为二人立传。《下编》即二十略，亦仅类书策略之陈言。

五、杂史

1.《国语》 21卷 吴 韦昭注

出自何人，说者不一。韦昭注兼采郑众、贾逵、虞翻、唐固。今诸注已亡，惟昭注最古。

《汉书·律历志》始称《国语》为《春秋外传》，王充、刘熙亦有此说。

2.《国语补音》 3卷 唐人旧本 宋 宋庠补葺

辨证详核。

3.《战国策注》 33卷 旧题 汉 高诱注

实宋姚宏之校本。其中仅八篇有高诱注。

刘向裒合诸记，成《战国策》。

4.《鲍氏战国策注》 10卷 宋 鲍彪

《国策》本甚凌乱，刘向排比成帙，鲍彪又改其篇次先后，为之疏通诠解，殚一生之力。

5.《战国策校注》 10卷 元 吴师道

取姚宏、鲍彪注参校，其篇第注文，一仍鲍氏之旧。增缺者为之补，

纠失者为之正，并保存刘向、曾巩所校旧第，撮举彪注之大纰缪者凡十九条，议论精审，《国策》诸家之注，以师道为最善。

6.《贞观政要》 10卷 唐 吴兢

兢于《太宗实录》外，采其与群臣问答之语，作为是书，用备观戒，共四十篇。所记事迹，与《唐书》、《通鉴》颇有牴牾。……史称兢叙事简核，号良史，而晚节稍疏牾。此书盖出其耄年之笔，故不能尽免渗漏。然太宗为一代令辟，其良法善政，嘉言嬿行，胪具是编，洵足以资法鉴。

7.《渚宫旧事》 5卷 《补遗》 1卷 唐 余知古

上起鬻熊，下至唐代，所记皆荆楚之事。“渚宫”，楚王所建宫室也。此书一名《渚宫故事》。本为10卷，今仅存其半，止于晋代。

8.《东观奏记》 3卷 唐 裴庭裕

专记唐宣宗一朝事，记事颇具首尾。闻见所及，记近事者多确。恩怨未尽，记近事者亦多诬。

9.《五代史阙文》 1卷 宋 王禹偁

凡载五代史事十七条。王士祯称辨正精严，足正史官之谬。《新五代史》、《新唐书》多采其说，当时视为信史。

10.《五代史补》 5卷 宋 陶岳

以薛居正书之阙，凡104事，虽近小说，然叙事首尾详具，率得其实，欧阳修、司马光多采之。

11.《北狩见闻录》 1卷 宋 曹勋

曹勋侍徽宗入金营，所记北行事皆与诸书相出入。大都近实。

12.《松漠纪闻》 1卷 《续》 1卷 宋 洪皓

洪皓使金，被留15年，此书乃归宋后追记金国杂事。

13.《燕翼诒谋录》 5卷 宋 王栐

王栐为高宗时人，是书记北宋制度沿革，共162条，极有典据。

14.《太平治迹统类前集》 30卷 宋 彭百川

共88门，皆宋代典故，于朝廷大政及诸臣事迹条分缕析，多可与史传相参考。

15.《咸淳遗事》 2卷 佚名

“咸淳”为宋度宗年号。其书为宋遗民作，于尊崇锡命诸政典记载颇详。《大典》本。

16.《大金吊伐录》 4卷 佚名

纪金太祖、太宗用兵克宋之事，皆荟萃文献而成。自天辅七年交割燕云起，至康王南渡，全录原文，首尾该贯。《大典》本。

17.《汝南遗事》 4卷 元 王鹗

鹗本金官，金亡降元，是书记随金哀宗在蔡州围城中事，共107条，皆亲身目系之事，最为详确。《大典》本。

18.《钱塘遗事》 10卷 元 刘一清

实纪南宋一代之事，高、孝、光、宁四朝颇略，理、度以后最详，大抵杂采宋人说部而成。

19.《平宋录》 3卷 元 刘敏中

记至元十三年巴颜下临安及宋幼主北迁事，与史文无大异同，旧误题平庆安撰。

20.《弇山堂别集》 100卷 明 王世贞

载明代典故。凡《盛事述》10卷，《异典述》10卷，《奇事述》4卷，《史乘考误》11卷，《表》34卷（67目），《考》36卷（16目）。其《表》、

《考》辨析精核，有裨考证，全书亦详洽，其《盛事》、《奇事》颇涉谈谐，非史体。

21.《革除逸史》 2卷 明 朱睦㮮

载建文一朝之事，时异说甚多，睦㮮以为建文髡缁遁去及正统间迎入大内之说，乃好事者伪说。

22.《钦定蒙古源流》 8卷 乾隆四十二年奉敕译进

原作者蒙古小彻辰萨囊台吉，前部分记载佛教及吐番事，3卷以后记蒙古世系。自成吉思汗至元顺帝直至清朝克蒙古，中间传世次序，诠序详晰。

23.《艺祖受禅录》 1卷 旧题 宋 赵普 曹彬

载赵匡胤初生及幼事特详，侈陈符瑞。《大典》本。

24.《龙飞记》 1卷 旧题 宋 赵普

记匡胤受禅事。

二书疑皆后人依托《大典》本。

25.《景命万年录》 1卷 佚名

记匡胤受禅事，与《龙飞记》同。《大典》本。

26.《青溪寇轨》 1卷 宋 方勺

记方腊起义，所述皆与《宋史》不合，后附论二则，一为追述魔教之始，一为追叙致乱之由，并载韩世忠擒方腊事，或为洪迈所附笔。

27.《清溪弄兵录》 2卷 宋 王弥大

前编即录方勺之作，后编从《续会要》第253卷《出师门》中录出。

28.《避戎夜话》 1卷 宋 石茂良

金人陷汴京，茂良在围城中记所见闻。其中多言都统制姚友仲守御东南两壁之功。旧误题汪藻作。

29.《孤臣泣血录》 1卷 旧题 宋 太学丁特起

载汴京失守、二帝播迁事，《三朝北盟会编》颇采之。

30.《靖康蒙尘录》 1卷 佚名

二帝北狩事，与《南烬纪闻》文相同，盖坊贾易其名以欺世者。

31.《靖康纪闻拾遗》 1卷 佚名

大旨责宋不于太原未下前早割三镇与金。

32.《北狩行录》 1卷 旧题 宋 蔡鞗

蔡鞗，京之子，从二帝北行，此书疑为王若冲作，或王、蔡合作，书中多谀颂徽宗之词。

33.《靖炎两朝见闻录》 2卷 旧题 陈东

记徽宗北迁、高宗改元时事特详，末及绍兴以后事，但陈东不应见绍兴后事。

34.《建炎时政记》 3卷 宋 李纲

乃纲奉诏所编，起建炎元年六月，至八月。

35.《建炎通问录》 1卷 宋 傅雱

雱曾充大金通问使，此即记其奉使之事，从《北盟会编》中录出。

36.《建炎维扬遗录》 1卷 佚名

记高宗自扬州奔杭州。

37.《维扬巡幸记》 1卷 佚名

实即《维扬遗录》，传写互异，大意罪汪伯彦、黄潜善。

38.《己酉航海记》 1卷 宋 李正民

亦曰《乘桴记》。高宗乘舟逃温、台，正民从行，按日记驻跸之所，盖起居注体也，《北盟会编》全录此书。

39.《燕云录》 1卷 宋 赵子砥

赵从二帝北行遁还，尝密刺全国情状，所记：①陷没宗室从官；②陷没百姓；③金人族帐所出与设官之实；④政事之纪；⑤虚实之情；⑥南北离溃之情。

40.《绍兴甲寅通和录》 1卷 宋 王绘

绘为魏良臣使金之副，未至金即还，此书记其事，鄙朱胜非等主和派。

41.《顺昌战胜录》 1卷 宋 杨汝翼

顺昌之战，刘锜败金人，杨汝翼在军中，因记其事。

42.《淮西从军记》 1卷 佚名

叙刘锜在淮西作战，顺昌、柘皋之役，及张俊、杨沂中濠州之败。

43.《采石战胜录》 1卷 宋 员兴宗

记虞允文采石之战。

44.《南渡录》 2卷 《窃愤录》 1卷

二书斥金之残酷野蛮，故《四库》诋之为伪书。

45.《御侮录》 2卷 佚名

记南渡后与金构兵及和议之事。

46.《重明节馆伴语录》 1卷 宋 倪思

绍熙二年，金遣完颜兖、路伯达来贺重明节，倪思为馆伴，纪问答之词。

47.《正隆事迹记》 1卷 宋 张棣

张棣自金归宋后述所见闻。所记皆金海陵王事，始于初立，终于瓜州之变，大抵约略传闻，疏漏殊甚。

48.《金图经》 1卷 宋 张棣

一名《金国志》，自京邑至族帐部曲。

49.《炀王江上录》 1卷 佚名

叙宋内侍梁汉臣为金人所得谋欲弱金事。所载汉臣劝金主都燕山，营汴梁，开海口，进兵采石，退至瓜州被杀。

50.《使金录》 1卷 宋 程卓

嘉定中使金，途中记行之作。于山川道里及所见古迹皆排日载之。俗传泥马渡康王即是书所记。

51.《襄阳守城录》 1卷 宋 赵万年

开禧二年，元兵20万攻襄阳，赵淳新以万人御之，战四个月，元兵解围去。万年时为幕僚，详录其事。

52.《诛吴录》 1卷 宋 张革之

杨巨源与安丙诛吴曦，后安丙嫉功杀巨源，张革之为巨源鸣冤，自云从旁目击其事。

53.《丁卯实编》 1卷 宋 毛方平

毛方平，与杨巨源等共谋诛曦者，毛亦为巨源鸣冤。《大典》本。

54.《平叛录》 1卷 宋 郭士宁

平吴曦之叛，记载较史为详。《大典》本。

55.《辛巳泣蕲录》 1卷 宋 赵与褰

嘉定十四年，金兵破蕲州，赵与褰从围城中逸出，叙其事。

56.《使北日录》 1卷 宋 邹伸之

理宗时，宋与元议攻金，邹伸之为使。在途十三月，取所闻见及往复问答，作此书。

57.《广王卫王本末》 1卷 宋 陈仲微

仲微随二王入广，目击时事，逐日抄录。厓山败，仲微遁入安南而殁，后安南国使携此书入觐，因传于世，文多简略，不甚赅备。

58.《三朝野史》 1卷 佚名

记理、度、恭三朝琐事，共19条。词旨猥琐，殊不足观。

59.《碧溪丛书》 8卷

收南宋杂史八种：①《吴武安公（玠）功绩记》；②蔡𠈁《北狩行录》；③万俟卨《皇太后回銮事实》；④《顺昌战胜录》；⑤《松漠纪闻》；⑥《金国文具录》；⑦《绍兴正论》；⑧杨尧弼《伪豫传》。

60.《焚椒录》 1卷 辽 王鼎

记道宗皇后萧氏为宫婢单登构陷事。《契丹国志·萧后传》无一字及此事，是《契丹国志》之疏略也。

61.《南迁录》 1卷 旧题 金 张师颜

记金爱王大辨叛据五国城及元兵围燕，贞祐迁都汴京之事，所述金帝室世次年号舛错谬妄，亦不闻有爱王大辨其人，故赵与时、陈振孙皆称其伪。或谓南宋人华岳所作。

62.《南宋补遗》无卷数　旧题　谢朱胜

载南渡后将帅轶事，于韩、岳尤详。然多他书所习见。

63.《皇元圣武亲政录》 1卷　佚名

记元太祖初起至太宗时事，共40年，大概元世祖时人所作。其书序述无法，词颇蹇拙，又译语讹异，往往失真。《元史》所载元初事，大概本此书也。

64.《庚申外史》 2卷　明　权衡

记元顺帝时治乱大纲，于宫廷构煽、盗贼纵横之事皆能剖析端委。惟其中称顺帝为瀛国公子，最为无稽。

65.《国初礼贤录》 1卷　旧题　明　刘基

载明太祖任用刘基、叶琛、章溢、宋濂事，实非刘基作。

66.《平蜀记》 1卷　佚名

遣汤和伐蜀，明昇出降事。

67.《北平录》 11卷　佚名

载徐达、李文忠出塞追王保保及破应昌府事，颇简略。

68.《别本北平录》 1卷　佚名

记徐达、常遇春北征事，从实录中抄出。

69.《云南机务钞黄》 1卷　明　张紞

7傅友德平云南，紞在行间，后留官于滇，取当时制敕诏诰有关军务者37篇编成。

70.《汉唐秘史》 2卷　明　宁王权

其书以刘三吾等洪武间进讲汉唐事实类次成编，而多取委巷之谈，如汉高斩蛇、蛇后转生王莽之类。

71.《奉天靖难记》 4卷　佚名

记成祖初起至即位，极诋建文。

72.《国初事迹》 1卷　明　刘辰

盖修太祖实录时所进事略草本也。刘辰曾使方国珍，又在李文忠幕下，所见旧事皆真确。其文质直，无所隐讳。

73.《北征录》 1卷 《后北征录》 1卷　明　金幼孜

成祖北征阿噜台，幼孜扈从，记所历山川古迹及行营之所见闻。

74.《后北征记》 1卷　明　杨荣

永乐二十二年扈从北征，记其往还始末，榆木川之役，即在其中。世多异说，而史采杨荣之说。

75.《三朝圣谕录》 3卷　明　杨士奇

录永乐、洪熙、宣德三朝面承诏旨及奏对之语，《明史·士奇传》多采之。

76.《天顺日录》 1卷　明　李贤

随手记载，于天顺时事颇详。李贤自郎署结知景帝，而此书极诋景帝荒淫。

77.《否泰录》 1卷　明　刘定之

记英宗北狩事。

78.《朝鲜记事》 1卷　明　倪谦

景泰元年出使朝鲜所作，语意草略。

79.《南征录》 1卷 明 张瑄

天顺八年张瑄征广西峒蛮事，所述当日军政，殊无纪律。

80.《出使录》 1卷 明 李实

一名《使北录》，英宗被俘，李实为使至也先营，此记在漠北见英宗及与也先辩论语。

81.《东征纪行录》 1卷 明 张瓒

记成化中张瓒征苗事。

82.《马端肃三记》 3卷 明 马文升

一、《西征石城记》（记成化初为陕抚与项忠平满四）；二、《抚安辽东记》（成化十四年辽东巡抚陈钺冒功激变，文升奉命抚定）；三、《兴复哈密记》（弘治初土鲁番袭执哈密忠顺王，文升持议用兵，遣许进等讨平之事）。

83.《复辟录》 1卷 明 杨暄

记夺门之变，暄尝目睹。

84.《平蛮录》 1卷 明 王轼

弘治十三年王轼督贵州军务，讨普安妇米鲁，是编所录即其奏捷之疏。

85.《北征事迹》 1卷 明 袁彬

袁彬从英宗北狩，此为17年后之回忆，与《否泰录》相似。

86.《正统临戎录》 1卷 佚名

实哈铭作，哈铭与袁彬同侍英宗北狩，所记与《北征事迹》略同，而详悉过之。

87.《燕对录》 1卷 明 李东阳

自弘治十年至正德六年，凡召见奏对之词，悉著于编。

88.《平吴录》 1卷

或云吴宽所作，载张士诚据吴始末。

89.《史余》 1卷

传为王鏊所作，纪明代朝廷典故，凡49条。中多及正德初年事。

90.《明政要》 20卷 明 娄性

仿《贞观政要》，编太祖、太宗、仁宗、宣宗、英宗五朝之事，凡452条，分40类。

91.《东征忠义录》无卷数 明 刘昭

王守仁平宸濠，昭在幕府。所记显己之功，诋王守仁，与当时诸珰之排挤王守仁相呼应。

92.《继世纪闻》 5卷

亦陈洪谟作。记明武宗时事，谓韩文等劾刘瑾，司礼监王岳等助之。瑾已垂诛，李东阳党于瑾，先期漏言，遂不可制。又谓张彩于瑾多所匡正。

93.《平番始末》 1卷 明 许进

弘治七年土鲁番阿黑麻陷哈密，执忠顺王陕巴，时许进为甘抚，出兵复哈密。嘉靖九年，进以奏稿案牍编为此书，述用兵始末及西番情事颇详，《明史·土鲁番》、《哈密传》据此书。

94.《南巡日录》 1卷 《北还录》 1卷 明 陆深

嘉靖十八年，南幸承天，陆深扈行，记往返程途。

95.《姜氏秘史》 1卷 明 姜清

搜辑建文朝事，编年记载，无地道出亡之事，颇精核。

96.《革朝志》 10卷 明 许相卿

记建文一朝君臣始末，用纪传体。主出亡之说。

97.《茂边纪事》 1卷 明 朱纨

朱纨征四川深沟诸砦番，述其措置始末。

98.《楚纪》 60卷 明 廖道南

世宗以兴王继统，实封于楚，故以楚地为受命之符，博采古今，为15纪，凡一人一事与楚有涉者皆牵引入之。道南颇负文名，此书殚十余年精力，以太史公自比，然体例芜杂，援引附会，殊不足观。

99.《哈密事迹》 1卷 附《赵全谳牍》 1卷

前载土鲁番侵哈密及彭泽、王琼构衅事，后载审判叛人赵全事。

100.《洗海近事》 2卷 明 俞大猷

隆庆二年俞大猷讨平曾一本，是书裒集当时奏疏公牍书札。论用兵委曲较史为详，但事之始末，端绪纷乱。

101.《奉天刑赏录》 1卷 彭聚

题懒生袁子。记明成祖靖难时爵赏诛戮之事，多本都穆《壬午功臣录》、《教坊录》、《客座新闻》、《震泽纪闻》、《立斋闲录》。成祖之暴虐，于此可见。

102.《平濠记》 1卷 明 钱德洪

德洪为王守仁弟子，述平宸濠事，得于师友所见闻。中谓宸濠之败，由于迟留半月，其迟留则守仁反间以疑之也。

103.《南泰纪略》 1卷　明　尹耕

记嘉靖四年翁万达平李寰、卢四、赵楷事。

104.《处苗近事》 1卷　明　李恺

记洪武至嘉靖湖广苗民叛服征剿事。

105.《安南奏议》 1卷　佚名

安南莫登庸篡位，嘉靖中议讨之，众论不一，已而中罢。

106.《平黔三记》 1卷　佚名

记洪武中傅友德平云南，正统中王骥平麓川，嘉靖中吕光洵平武定，而意在表彰吕光洵。

107.《使琉球录》 2卷　明　郭世霖

嘉靖十一年，陈侃出使琉球，作《琉球录》。嘉靖三十七年，郭世霖出使琉球，因取陈侃旧本缀续此书。

108.《平播始末》 2卷　明　郭子章

平贵州杨应龙事，时郭子章与李化龙共讨杨，化龙有《平播全书》，时外间饰化龙之功，郭作是书，以辨其诬。

109.《平播全书》 15卷　明　李化龙

杨自唐代据播州，历29世800余年，万历初，杨应龙作乱，李化龙为总督四川、湖广、贵州军务，讨平之，因裒军中文牍编为此书。

110.《建文朝野汇编》 20卷　明　屠叔方

杂采野史传闻，大抵沿袭伪传，不为信史。

111.《使琉球录》 2卷　明　萧崇业　谢杰

万历七年，萧、谢出使琉球，本陈侃、郭世霖二书而润益之。

112.《先拨志始》 2卷　明　文秉

记明末事，三案、阉党等。

113.《守汴日志》 1卷　明　李光壂

记李自成三攻开封，河决城没事，时光壂助守城，皆所目睹，记载详悉。

114.《东林始末》 1卷　明　蒋平阶

自万历二十一年京察至崇祯十六年周延儒赐死。惟叙朋党攻击之事，故于三案、阉祸、经抚不和均不叙述。

115.《谈往》 1卷

明遗民作，皆明末轶闻，凡27条。

116.《平寇志》 12卷　旧题　管葛山人

实海盐李确所作，明末农民起义，分年记载，自崇祯元年至顺治十八年，叙述详悉，持论颇平允，然体例未免芜杂，不无重复参差。所记北京陷时事，颇失实。

117.《明倭寇始末》 1卷　清　谷应泰

即《明史记事本末》中之一卷。

118.《见闻随笔》 2卷　清　冯甦

始载闯献传，次叙永明王始末，及何腾蛟、瞿式耜十五人传。冯甦时官云南，摭所记忆成此编，毛奇龄纂《流寇传》多采之。

119.《安南使事记》 1卷　清　李仙根

康熙七年，仙根出使安南，随笔记录。

120.《交山平寇本末》 3卷 附《诗》 1卷 《详文》 1卷 《书牍》 1卷 清 夏骃

康熙七年交城知县赵吉士平交山盗，时夏骃在幕中。

121.《平闽记》 10卷 清 杨捷

皆康熙十七年杨捷攻郑成功时之档案文件。

122.《师中纪绩》 1卷 清 王得一

得一为福建水师提督万正色之幕友，是书皆纪正色战功。凡23事，自康熙十二至二十年，正色与姚启圣异议，不欲攻台湾，启圣奏调施琅代之。

123.《武宗外纪》 1卷 清 毛奇龄

记明武宗事94条，皆取之实录。

124.《后鉴录》 7卷 清 毛奇龄

记明一代盗贼之事，亦《明史》拟稿之余也。

125.《封长白山记》 1卷 清 方象瑛

记康熙十六年遣官至长白山事。

126.《辨苗纪略》 8卷 清 俞益谟

记康熙四十二年征辰州红苗，益谟时率湖南兵从征。

127.《衡湘稽古》 5卷 清 王万澍

湖南古史也，自伏羲、神农至周昭，多摭自《路史》，其丛杂与廖道南《楚纪》约略相等。

六、诏令奏议

1.《唐大诏令集》 130卷 宋 宋敏求

敏求谙悉唐史，此据其父宋绶所辑，重加绪正，世无刊本，脱佚23

卷。共23类。

唐三百年，实录无存，其诏诰命令之得以考见者实赖是书，可称典故之渊海矣。

2.《两汉诏令》 23卷 宋 林虙 楼昉

皆从三史辑出，然博雅可观。

3.《政府奏议》 2卷 宋 范仲淹

是编即范官参知政事、推行庆历新政之奏札。

4.《包孝肃奏议》 10卷 宋 包拯

其门生张田所编，然编次凌乱。

5.《尽言集》 13卷 宋 刘安世

安世，司马光门人，正直刚劲，弹击权贵，有“殿上虎”之称，然其劾蔡确，迹似陷害，且诋程子为五鬼。故朱熹《名臣言行录》不载其一字。

6.《谠论集》 5卷 宋 陈次升

共116篇，最著者为止吕惠卿之使岭南及劾章惇、蔡京、蔡卞、曾布诸疏。《大典》本。

7.《左史谏草》 1卷 宋 吕午

理宗二年时所上，其论宋宰相台谏之弊尤极恳详。

8.《商文毅疏稿略》 1卷 明 商辂

共33篇，有劾汪直疏，《边务疏》中论养军莫善于屯田，守边为上守，关次之，徒守京城最为下策。

9.《王端毅公奏议》 15卷 明 王恕

恕扬历中外四十五年，如奏参镇守太监及论中使扰民。

10.《马端肃奏议》 12卷　明　马文升

55篇。成化、弘治中马文升负一时重望，朝端大议，往往待之而决。

11.《关中奏议》 10卷　明　杨一清

分五类：马政、茶马、巡抚、总制、后总制，所陈多陕甘边事。

12.《杨文忠公三录》 7卷　明　杨廷和

其中有不从正德的戏命，擒戮江彬，议兴献始末。

13.《胡端敏奏议》 10卷　明　胡世宁

曾劾宁王，纠中官，惟议大礼与张璁、桂萼合。

14.《何文简疏议》 10卷　明　何孟春

李东阳之门生，以气节自许。如救言官庞泮，请停万岁山工役，谏武宗幸宣府。

15.《垂光集》 2卷　明　周玺

为刘瑾所毙，劾瑾二疏最著。

16.《孙毅菴奏议》 2卷　明　孙懋

懋抗直，曾劾江彬。

17.《玉坡奏议》 5卷　明　张原

直谏。

18.《南宫奏稿》 5卷　明　夏言

于一朝典礼多所酌定。

19.《讷谿奏疏》 1卷　明　周怡

以劾严嵩廷杖系狱，平生触犯权幸至再至三，共13篇。

20.《谭襄敏奏议》 10卷 明 谭纶

分闽稿、蜀稿、蓟辽稿，纶沉毅知兵，战功甚著。

21.《潘司空奏疏》 6卷 明 潘季驯

为官广东、江西及在兵部所上奏疏。

22.《两河经略》 4卷 明 潘季驯

季驯总河务27年，书中所载皆万历初相度南北两河奏疏。

23.《两垣奏议》 1卷 明 逯中立

共六篇，皆官给事中时作。《论公用舍》，《论修史用人》，《论会推阁臣》，《请罢织造》，《论东倭》，《请停例金》。

24.《周忠愍奏疏》 2卷 明 周起元

以忤魏忠贤被害，奏疏多有关国计民生，非虚矜气节者比。

25.《张襄壮奏疏》 6卷 清 张勇

官至甘肃提督，靖逆侯。共120篇，始于顺治六年，迄康熙二十三年，值肃州回乱，昂汉夷人入边及王辅臣乱，于秦陇兵事较详。

26.《靳文襄奏疏》 8卷 清 靳辅

官至河督，皆治河奏疏。

27.《华野疏稿》 5卷 清 郭琇

官至湖广总督。共44篇。自康熙二十七年至四十一年，琇初劾罢明珠、余国柱等，后又劾罢徐乾学、王鸿绪、高士奇。

28.《诸臣奏议》 150卷 宋 赵汝愚编

起自建隆，迄于靖康，分12门、114目。

29.《历代名臣奏议》　350 卷　黄淮　杨士奇奉敕编

自商周至宋元，分 64 门，名目太繁，又将文王、周公、孔子之问答编入，踳驳失伦。然自汉以后，收罗大备，可与《通鉴》、《三通》互相考证，实古今奏议之渊海也。张继曾有节本刊行，然去取颇乏鉴裁。

30.《名臣经济录》　53 卷　明　黄训编

自洪武至嘉靖九朝名臣经世之言，分十门，奏议居十之九，与淮、士奇所编时代相接。

31.《钦定明臣奏议》　20 卷　乾隆四十六年奉敕编

七、传记

1.《孔子编年》　5 卷　旧题　宋　胡舜陟

实其子胡仔所作。辑录孔子言行，体例如年谱，依据纪传考寻事实，以《论语》为主，不采谶纬书，颇审慎，然《编年》有幸合之处。

2.《东家杂记》　2 卷　宋　孔传

分 21 类，皆孔子及孔林事迹。

3.《晏子春秋》　8 卷　旧题　齐　晏婴

实后人采晏婴之言行而作。刘向、班固俱列于儒家，柳宗元谓应入墨家，此书实为传记之祖。

4.《魏郑公谏录》　5 卷　唐　王方庆

方庆为高宗、武后时人，此书录魏徵事迹，确然可信，《通鉴》多采之。

5.《李相国论事集》　6 卷　唐　李绛

乃蒋偕编集李绛奏议之文、论谏之事而成，已缺 1 卷。共 65 条，叙事拙朴，编次芜杂，然遗闻旧事，多新旧《唐书》所未载。

6.《杜工部年谱》 1卷 宋 赵子栎

杜甫年谱创始于吕大防，此辨吕大防谓甫生于先天元年之误。以为甫卒于辛亥冬，是为误说。其援引亦简略。

7.《杜工部诗年谱》 1卷 宋 鲁訔

以为甫生于先天元年壬子，卒于大历五年庚戌，承吕大防之说，辨正《旧唐书》之误。此书循少陵平生行迹，编定其诗，密于赵子栎多矣，间亦有附会处。

8.《绍陶录》 2卷 宋 王质

上卷摘陶潜、陶弘景遗文遗事，别为词咏之。下卷纪同时唐汝舟、鹿何事，而附以林居咏物之诗。逃世之作也。

9.《金陀稡编》 28卷 《续编》 30卷 宋 岳珂

辨其祖岳飞之冤。《稡编》包括《鄂王行实编年录》6卷、《鄂王家集》10卷、《吁天辨诬》5卷（记秦桧锻炼诬陷）、《天定录》3卷（朝廷复封谥）。《续编》包括《丝纶传信录》11卷（飞受官制札及三省文移札付）、《天定别录》4卷（岳云、雷、霖、甫、琛辨诬复官告制札）、《百氏昭忠录》14卷（岳飞战功政绩）。多脱简缺文。

10.《象台首末》 5卷 宋 胡知柔编

知柔之父胡梦昱以论济王事贬死象州。知柔编其奏疏遗文及诸家赠答题跋，成此书。

11.《魏郑公谏续录》 2卷

元翟思忠所编也。王方庆《谏录》未为赅备，是书采摭众书为之续。

12.《忠贞录》 3卷 《附录》 1卷 明 李维樾 林增志编

辑卓敬（建文死事）遗稿1卷及后人题诗咏文2卷。

13.《诸葛忠武书》 10 卷　明　杨时伟

前 6 卷为遗文，后 9 卷为事迹，辨《梁父吟》、《黄陵庙记》为伪托。

14.《宁海将军固山贝子功绩录》 1 卷　佚名

记富喇塔平耿精忠之事。康熙十三年，富随康亲王杰书讨耿精忠，十四年破台州、温州，皆土人得之目击者。

15.《朱子年谱》 4 卷 《考异》 4 卷　《附录》　2 卷　清　王懋竑

自明以来，撰朱子年谱者甚多，懋竑于朱子遗书研思最久，作此书，又作考异，备列其去取之故。于学问特详，于政事颇略。

16.《古列女传》 7 卷 《续列女传》 1 卷　汉　刘向

其书屡经传写，至宋已非古本。

17.《高士传》 3 卷　晋　皇甫谧

谧书本 72 人，而此本为 96 人。

18.《卓异记》 1 卷　旧题　唐　李翱

实非李翱作。皆记唐代朝廷盛事，共 26 条。

19.《春秋列国诸臣传》 30 卷　宋　王当

共 191 人。

20.《廉吏传》 2 卷　宋　费枢

自列国至隋唐 114 人，以风厉廉隅为主。

21.《绍兴十八年同年小录》 1 卷

进士题名录也，凡 330 人，是科朱熹名在五甲第九十。

22.《伊雒渊源录》 14卷 宋 朱熹

记周子以下及程子交游门弟子言行。《宋史·道学》、《儒林传》多据此为之。宋人道学宗派门户自此书始。

23.《名臣言行录前集》 10卷 《后集》 14卷 《续集》 8卷 《别集》 26卷 《外集》 17卷 宋 朱熹 李幼武

前后集为朱熹编，录北宋名臣之言行，惟编次不得法，即朱熹亦自知。吕祖谦、叶盛及《四库》均有讥议。

24.《名臣碑传琬琰集》 107卷 宋 杜大珪

起于建隆、乾德，止于建炎、绍兴，分三集，上集多神道碑，中集多志铭行状，下集多别传。

25.《钱塘先贤传赞》 1卷 宋 袁韶

采许由以下39人为之传赞，多得之故老流传，颇详赡。

26.《庆元党禁》 1卷 佚名

题沧州樵叟撰。党禁起于宁宗时，共59人。《四库提要》力言朋党之祸。

27.《宝祐四年登科录》 1卷

考官为王应麟，一甲一名文天祥，二甲一名谢枋得，二甲二十七名为陆秀夫。

28.《京口耆旧传》 9卷 佚名

南宋末丹阳人所作，京口包括丹阳、丹徒、延令、金坛四县，此书采京口人自宋初迄端平、嘉熙间轶闻逸事，较史为详。《大典》本。

29.《昭忠录》 1卷 佚名

记南宋末忠节之士130人，其文确实可据。

30.《敬乡录》 14 卷　元　吴师道

是编因洪遵《东阳志》所记人物有遗漏，以补其缺，自梁至宋，附录每人诗文，故零篇散什，借存者不少，所编宋人小传犹在《宋史》未成之前，可补证正史。

31.《唐才子传》 8 卷　元　辛文房

是书原列 397 人，现从《大典》辑出 287 人，大多新旧《唐书》所不载而从传记说部采辑，其体例因诗系人，以文为主，不以其人之事功为主，初盛唐稍略，中晚渐详，亦下包五代。其书杂以臆说，不尽可据，然较计有功唐诗记事，叙述差有条理。

32.《元朝名臣事略》 15 卷　元　苏天爵

自木华黎至刘因共 47 人，大抵据诸家文集所载碑志、行状、家传为多，盖仿朱子《名臣言行录》之例而始末较详，不录全篇，但一一注明出处，不失为信史。

33.《浦阳人物记》 2 卷　明　宋濂

共 29 人，分忠义、孝友、政事、文学、贞节五目。

34.《古今列女传》 3 卷　明　解缙等奉敕撰

起自有虞，讫于元明，汉以前本刘向之书，汉以后取各史列女传，时成祖后甚关心此书，故去取颇审慎，在明代官书中犹为善本。

35.《殿阁词林记》 22 卷　明　廖道南

集词林、殿阁、宫坊、台省诸臣旧事，分类记载。

36.《嘉靖以来首辅传》 8 卷　明　王世贞

记嘉靖、隆庆、万历三朝阁臣事迹，详悉近实，可与正史参证。

37.《明名臣琬琰录》 24 卷 《续录》 22 卷 明 徐纮编

仿宋杜大珪《名臣碑传琬琰集》，自洪武至弘治 117 人，《续录》95 人。

38.《今献备遗》 42 卷 明 项笃寿

采明代名臣事迹，自洪武至弘治共 204 人，盖本袁袠所著而稍损益之。明人所作传记甚多，此书颇简明有法，叙述详赡。

39.《百越先贤志》 4 卷 明 区大任

自东汉以上共 120 人，各为之传，多凭史传，不采杂书，体例谨严，注出处。

40.《元儒考略》 4 卷 明 冯从吾

大抵据《元史·儒学传》，而旁采志乘，体例丛碎。

41.《钦定八旗满洲氏族通谱》 80 卷 乾隆九年奉敕撰

42.《钦定宗室王公功绩表传》 12 卷 乾隆四十六年奉敕撰

共 31 人，附传 21 人。

43.《钦定蒙古王公功绩表传》 12 卷 乾隆四十四年奉敕撰

体例同上书。

44.《钦定胜朝殉节诸臣录》 12 卷 乾隆四十一年奉敕撰

予专谥者 33 人，通谥者忠烈 124、忠节 122、烈愍 377、节愍 882，忠义祠 2 249 人。

45.《明儒学案》 62 卷 清 黄宗羲

共列学案 17，凡 210 人。大抵朱陆分门以后，至明而朱之传流为河东（薛瑄），陆之传流为姚江。其余或出或入，总往来于二派之间。宗羲生于姚江，欲抑王尊薛则不甘，欲抑薛尊王则不敢。故于薛之徒阳为引重而阴致微词，于王之徒外示击排而中存调护……宗羲此书犹胜国门户之余风，非专为讲学设也。然于诸儒源流分合之故，叙述颇详，犹可考见其得失，知明季党祸所由来……

46.《中州人物考》 8卷 清 孙奇逢

载河南人物。分理学、经济、忠节、清直、方正、武功、隐逸七科，皆明代人。

47.《东林列传》 24卷 清 陈鼎

载180余人。

48.《儒林宗派》 16卷 清 万斯同

自孔子以下至明末诸儒，授受源流各以时代为次。

49.《明儒言行录》 10卷 《续录》 2卷 清 沈佳

录133人，附见83人。沈佳宗朱熹，故以薛瑄为明儒之宗，于陈献章颇致不满，虽收王守仁，而守仁弟子则删汰甚严，王畿、王艮咸不预焉，与《明儒学案》之宗旨不同。

50.《史传三编》 56卷 清 朱轼

包括名儒、名臣、循吏三编。

51.《闽中理学渊源考》 92卷 清 李清馥

李光地之孙。自杨时起，下迄明末。

52.《孙威敏征南录》 1卷 宋 滕元发

记孙沔与狄青平侬智高事。时朝廷专赏狄青，沔之功不显，此为表沔功绩著。

53.《骖鸾录》 1卷 宋 范成大

乾道时出知静江府，记途中所见。

54.《吴船录》 2卷 宋 范成大

淳熙时，由四川取水程赴临安，随日记所见，古迹形胜言之最悉，如释继业纪乾德二年太祖遣三百僧往西方求舍利贝多叶书路程。

55.《入蜀记》 6卷 宋 陆游

乾道五年自山阴入川，述其路途所经，于山川风土叙述颇雅洁，而于考订古迹尤所留意。

56.《西使记》 1卷 元 刘郁

元宪宗时，锡里库西征西域、苏丹诸国，宪宗遣常德西使锡里库军中，所记但据见闻，不能考证古迹。其所经，今皆在屯田列障之内。

57.《保越录》 1卷 佚名

记胡大海初攻绍兴败绩，守将为吕珍，记胡军淫掠及发宋陵事。

58.《闽粤巡视纪略》 6卷 清 杜臻

平台湾后，杜臻奉诏视察粤闽，凡沿海形势、营伍制度、兵数多寡及诸洋列戍控置，皆述其详。

59.《扈从西巡日录》 1卷 清 高士奇

康熙癸亥，帝至五台山，士奇记途中闻见。

60.《松亭行纪》 2卷 清 高士奇

康熙辛酉，帝出喜峰口（谓为古松亭关），士奇记其行。

61.《孔子世家补》 12卷 宋 欧阳士秀

据《皇极经世》以驳《史记》。《大典》本。

62.《孔子实录》 1卷

叙次无体例。

63.《孔子论语年谱》 1卷　旧题　元　程复心

以《论语》各章分隶于孔子年谱，牵强附会，末有驳季本《圣迹图考》。季本为明代人，此书殆明末人伪作。

64.《孟子年谱》 1卷　旧题　元　程复心

取《孟子》七编为编年，谬妄与上书同。

65.《阙里志》 24卷　明　陈镐

此为第一本阙里志（弘治时修），崇祯中孔允植重订，编次冗杂。

66.《三迁志》 12卷　清　孟衍泰　王特选　仲蕴锦

因吕元善旧志重修。

67.《孟子生卒年月考》 1卷　清　阎若璩

博引诸书，考孟子出处始末，而于生卒年月，卒无的据。按《山堂肆考》谓孟子生于周定王三十七年四月二日，卒于赧王二十六年正月十五日，年84。若璩独不引之，盖先儒诂经不取杂书也。

68.《孔子年谱》 5卷　清　杨方晃

69.《至圣编年世纪》 24卷　清　李灼　黄晟

李灼作《孔子生日说》，谓《公》、《穀》与《史记》所记差一年，《公》、《穀》所记为怀妊，《史记》所记为诞生，殊为穿凿。

70.《洙泗源流》无卷数　佚名

71.《别本晏子春秋》 6卷 旧题 齐 晏婴

即《晏子春秋》，但次第已乱。

72.《尹和靖年谱》 1卷 佚名

尹焞门人所记。

73.《周子年谱》 1卷 宋 度正

记周敦颐。

74.《朱子年谱》 1卷 宋 袁仲晦

较王懋竑本疏略。

75.《君臣相遇录》 10卷 佚名

载韩琦事迹。

76.《范文正遗迹》 1卷 佚名

记范仲淹生平游历。

77.《言行拾遗事录》 4卷 佚名

记范仲淹言行事迹。

78.《道命录》 10卷 宋 李心传

记程子、朱子进退始末，元程荣秀已损益之，大旨不出门户之见。

79.《饶双峰年谱》 1卷

记饶鲁事，鲁自称为黄榦弟子，是书多记讲学事。《大典》本。

80.《许鲁斋考岁略》 1卷 元 耶律有尚

有尚为许衡门生，记许衡言行也。《大典》本。

81.《刘文靖公遗事》 1卷　元　苏天爵

记刘因之事，《元史·刘因传》采之。

82.《草庐年谱》 2卷　《附录》 2卷　明　危素

吴澄年谱也。

83.《褒贤集》 5卷　佚名

取宋元人著作有关范仲淹者合为一书。

84.《滁阳王庙岁祀册》 1卷　佚名

祀郭子兴之规条庙碑。

85.《崔清献全录》 10卷　明　崔子璲

记崔与之（宋理宗时丞相）遗事遗文。

86.《陆右丞蹈海录》 1卷　明　丁元吉

记陆秀夫，采《宋史》及龚开所作传、黄缙所作年谱。

87.《张乖崖事文录》 4卷　明　颜端　徐澣

辑张咏遗事遗文，咏全集尚有传本，颜、徐未见。

88.《李卫公通纂》 4卷　明　王承裕

记李靖遗事遗文。

89.《阳明先生浮海传》 1卷　明　陆相

记王守仁初谪龙场，经杭州遇害落水，漂至龙宫得生还事，荒诞不经。

90.《朱子实纪》 12卷　明　戴诜

是书详述朱子始末。

91.《韩祠录》 3卷 明 叶性 谈伦

记潮州韩愈遗迹。

92.《传信辨误录》 1卷 明 陈虞岳

其祖陈循，土木之变为首揆，景帝欲废英宗太子，循依违不能匡正，陈建《通纪》载其事。此书为其祖辩诬，然大多无确证。

93.《吴疏山集》 17卷 明 吴悌

吴悌学出于王守仁，其文仅3卷，以下皆诰敕及表章颂美之文。

94.《胡梅林行实》 无卷数 明 胡桂奇编

记其父胡宗宪事。

95.《忠烈编》 10卷 明 孙堪 孙墀 孙升编

宸濠之变，孙燧抗节死，其子汇其制诰、卷牍、碑状、志传。

96.《董子故里志》 6卷 明 李廷宝

董仲舒广川人，而广川括景州、德州、枣强三地，三地皆争之。

97.《濂溪志》 9卷 明 李桢

述周子事。

98.《濂溪志》 13卷 明 李嵊慈

辑补李桢旧志。

99.《东方类语》 16卷 明 朱维陛

类聚东方朔事迹，征引猥杂。

100.《涑水司马氏源流集略》 8卷 明 司马晰

101.《武侯全书》 20卷 王士骐

搜罗完备，而真伪芜杂。

102.《米襄阳外纪》 12卷 明 范明泰

纪米芾遗事。

103.《薛文清年谱》 1卷 旧题 明 杨鹤

实杨嗣昌据薛瑄门人张鼎所作加以重订。

104.《苏米谭史》 1卷 《苏米谭史广》 1卷 明 郭化

采苏轼、米芾轶事可资谈柄者。

105.《海珠小志》 5卷 明 李韡

宋李昂英捐修海珠慈度寺，其裔李韡考寻古迹辑此书。

106.《襄阳外编》 无卷数 明 顾道洪

记孟浩然。

107.《程朱阙里志》 8卷 明 赵滂

108.《考亭朱氏文献全谱》 12卷 明 朱钟文

109.《温公年谱》 6卷 明 马峦

110.《梅墟先生别录》 2卷 明 李日华 郑琬

记嘉兴周履靖能诗好事，与妻桑贞白自相唱和，多刊书籍，明季所谓山人之流。

111.《张抱初年谱》 1卷 明 冯奋庸

记其师张信民。

112.《心斋类编》 2卷 明 王元鼎

记王艮于崇祯四年从祀孔庙始末。《明史》艮附王畿传，不载从祀事，今孔庙亦无艮位，不知何以有此书。

113.《逊志斋外纪》 2卷 《续集》 2卷 明 姚履旋

记方孝孺。

114.《周元公集》 10卷 明 周沈珂

周敦颐作品仅五之一。

115.《周氏遗芳集》 5卷 明 周沈珂

116.《灵卫庙志》 1卷 明 夏宾

建炎三年金兵攻临安，钱塘令朱跸抗战死，立庙建祠，是书记其事也。

117.《宋四家外纪》 49卷

蔡襄（徐𤊹作）、苏轼（王世贞作）、黄庭坚（陈之伸作）、米芾（范明泰作），此为坊贾合刊。

118.《罗江东外纪》 3卷 清 闵元衢

记罗隐。

119.《贺监纪略》 4卷 清 闻性善 闻性道

记贺知章遗文轶事，采撷颇富。

120.《姑山事录》 8卷 清 吴肃公 杜名齐

述明末沈寿民事。寿民曾劾杨嗣昌、熊文灿，福王时又几为马、阮所害。

121.《谢翱年谱》 1卷 清 徐沁

载宋遗民谢翱事。

122.《宁海将军固山贝子保越平闽实绩》 1卷

记富喇塔征耿精忠事。

123.《保台实绩录》 1卷

台州兵巡道杨应魁从富喇塔，与耿精忠战于台州，是书记其政绩。

124.《杨公政绩记》 1卷 清 黄家遴

记明天顺间循吏杨继宗（嘉兴知府）事迹。

125.《陆象山年谱》 2卷 清 李绂

九渊年谱，有其弟子袁燮、傅子云同编，李绂董加补辑，大旨申王守仁、朱子晚年定论之说。

126.《考订朱子世家》 1卷 清 江永

127.《曹江孝女庙志》 10卷 清 沈志礼

记孝女曹娥事。曹娥事在汉顺帝时，见于邯郸淳所撰碑。

128.《汉末英雄记》 1卷 旧题 魏 王粲

已佚，王世贞辑成，凡44人。

129.《广卓异记》 20卷 宋 乐史

采汉魏以下至五代，以补《卓异记》。

130.《靖康小雅》 1卷 佚名

录靖康死事之臣12人，自《北盟会编》辑出。

131.《绍兴正论》 1卷 旧题 湘水樵夫

录不附和议遭秦桧贬谪者三十人。

132.《桐阴旧话》 1卷 宋 韩元吉

录韩氏（韩维等）家世旧闻13条，以京师第门有桐木故名，桐木韩家别于魏国韩家（琦）。

133.《南渡十将传》 10卷 宋 章颖

刘锜、岳飞、韩世忠、李显忠、魏胜、张俊、虞允文、张子盖、张宗颜、吴玠。

134.《稗传》 1卷 元 徐显

记元末王艮、柯九思、王冕等事。

135.《伊洛渊源续录》 6卷 明 谢铎

继朱子《伊洛渊源录》而作。所录21人，以朱子为主。

136.《宋遗民录》 15卷 明 程敏政

前列王炎午、谢翱、唐珏，后附汪元量、龚开、郑思肖等8人。

137.《考亭渊源录》 24卷 明 宋端仪 薛应旗重订

仿《伊洛渊源录》，首列李侗、胡宪、刘子翚、刘勉之四人以溯师承，次载朱子始末，又次同时友人张栻等7人，又次则弟子黄榦以下293人。

138.《鹿城书院集》 无卷数 明 邓淮

录南宋温州之士游二程、张、朱之门者，有周行己等23人。

139.《莆阳文献》 13卷 《列传》 75卷 明 郑岳 黄起龙重订

采莆田仙游人自梁陈迄明著作诗文并事迹，采掇繁富。

140.《群忠录》 2卷 明 唐龙

记太祖时征陈友谅诸臣姓名事实。

141.《名臣言行录前集》 12卷 《后集》 12卷 明 徐咸

142.《毗陵忠义祠录》 4卷 《附录》 1卷 明 叶夔

载南宋末常州知府姚訔、通判陈炤抗元死节事。

143.《建宁人物传》 4卷 明 李默

凡417人，皆本之旧志，疏略甚多。

144.《纪善录》 1卷 明 杜琼

记吴中循吏先贤，自洪武迄正统，凡40人。

145.《三家世典》 1卷 明 郭勋

辑徐达、沐英、郭英三家世系、履贯、勋阀、遭遇，大抵本实录、国史。

146.《淮郡文献志》 26卷 《补遗》 1卷 明 潘埙

147.《祥符乡贤传》 8卷 明 李濂

148.《祥符文献志》 17卷 明 李濂

以上二书所录皆明代之人。

149.《金华先民传》 10卷 明 应廷育

150.《国琛集》 2卷 明 唐枢

记明初迄嘉靖人物，简陋。

151.《闽学源流》 16卷 明 杨应诏

记杨时以后诸儒至于蔡清，共195人。

152.《道南源委录》 12卷 明 朱衡

始于杨时，附以游酢、王蘋，闽士咸载焉。

153.《东吴名贤记》 2卷 明 周复俊

记吴中名贤，自商相巫咸至明代魏校，共47人，仿《华阳国志》体例，然所记简略。

154.《列卿记》 165卷 明 雷礼

胪列明代职官姓名，自洪武至嘉靖末。

155.《内阁行实》 2卷 佚名

从《列卿记》中录出之一部分。

156.《善行录》 8卷 《续录》 2卷 明 张时彻

凡435人，取自史传。

157.《逸民传》 2卷 旧题 明 皇甫涍

实皇甫濂作，起晋孙登，讫宋林逋，共百人。

158.《元祐党人碑考》 1卷 明 海瑞

《元祐党人碑》载于李心传《道命录》与马纯《陶朱新录》者互有异同，是编以《道命录》为主，阙者以他书补之，故所录较他书为多，所附庆元伪学党籍，与他书无异同，不及《永乐大典》所载详备。

159.《圣学宗传》 18卷 明 周汝登

王守仁→王艮→徐樾→颜钧→罗汝芳→杨起元、周汝登。

汝登欲合儒释而会道之，辑《圣学宗传》，尽采先儒语类禅者以入。

160.《献征录》 120卷　明　焦竑

采自洪武至嘉靖名人事迹，搜采极博，然文颇泛滥，不皆可据。又引据之书，或注或不注。

161.《明十六种小传》 4卷　明　江盈科

分忠、孝、廉、节、慈、宽、明、慎、隐、怪、机、侠、奸、谄、贪、酷十六目，大抵委巷之谈。

162.《夥坏封疆录》 1卷　明　魏应嘉

皆诸臣之不附魏忠贤者，其词狂悖，列35人。

163.《东林点将录》 1卷　明　王绍徽

以梁山108人配属东林诸人，所传各本，名或有异同。

164.《东林籍贯》 1卷　佚名

共162人。

165.《东林同志录》 1卷　佚名

共319人。

166.《天监录》 1卷　佚名

列“真心为国不附东林”103人，皆奄党也。

167.《廉吏传》 无卷数　明　黄汝亨

宋费枢《廉吏传》采114人，自春秋迄五代，汝亨以为未备，增五代前33人，续添宋元64人，共得211人，分上中下三等。

168.《历代循良录》 1卷　清　孙蕙

汇历代循良事迹，惟取县令。

169.《古人几部》 6卷 清 陈允衡

所录皆明哲保身急流勇退之人。

170.《历代党鉴》 5卷 清 徐宾

自东汉党锢至曹爽、贾充、王伾、王叔文、牛僧孺、李德裕、宋之洛蜀朔三党、元祐党籍、庆元伪学以及明之东林、魏党，又采各家论朋党之语附于后。

171.《畿辅人物志》 20卷 清 孙承泽

记明一代畿辅人物。

172.《四朝人物略》 6卷 清 孙承泽

承泽习掌故，精赏鉴，故所撰《春明梦余录》、《庚子销夏记》皆考证详明，而史笔叙述，非其专门也。

173.《益智录》 20卷 清 孙承泽

起周迄明，凡圣贤名人言行可录者，而明人事居三之一，门户之见甚深。

174.《顾氏谱系考》 1卷 清 顾炎武

考据顾氏谱系。

175.《荆门耆旧纪略》 3卷 《列女纪略》 1卷 清 胡作柄

176.《学统》 56卷 清 熊赐履

以孔、颜、曾、子思、孟、周、二程、朱九人为正统，自闵子至罗顺钦23人为翼统，冉伯牛至高攀龙178人为附统，荀子至王守仁7人为杂统。

177.《道统录》 2卷 《附录》 1卷 清 张伯行

因仇熙《道统录》而增辑。

178.《道南源委》 6卷 清 张伯行

因朱衡《道南源委录》重加考订。

179.《伊洛渊源续录》 20卷 清 张伯行

因谢铎《伊洛渊源续录》、薛应旗《考亭渊源录》二书重加考订。

180.《嘉禾征献录》 46卷 清 盛枫

记明代嘉兴人物。

181.《人瑞录》 1卷 清 孔尚任

记康熙二十七年天下奏报寿民自70岁至百岁以上者共37万余人。

182.《修史试笔》 2卷 清 蓝鼎元

183.《道学渊源录》 1卷 清 王植

184.《蜀碧》 4卷 清 彭遵泗

纪蜀乱始末及死节士女，自崇祯元年至康熙三年。体例冗杂。

185.《西征记》 1卷 宋 庐襄

北宋人赴京考试纪行之作，颇近传奇小说。

186.《乙巳泗州录》 1卷 宋 胡舜申

舜申在泗州，亲见朱勔父子往来及徽宗幸泗州事，然记载寥寥。

187.《己酉避乱录》 1卷 宋 胡舜申

记金兵攻平江。时舜申在平江，颇诋韩世忠。

188.《逢辰记》 1卷 佚名

记吕颐浩事。《大典》本。

189.《勤王记》 1卷 旧题 宋 臧梓

记建炎三年金兵攻泗州，诸路勤王事。《大典》本。

190.《西征道里记》 1卷 宋 郑刚中

绍兴己未，陕西初复，郑刚中奉谕往陕安抚，记其所见闻。《大典》本。

191.《乌台诗案》 1卷 旧题 宋 朋九万编

苏轼坐作诗讪谤，追赴御史狱，此为当时诗案也。此本似从胡仔《渔隐丛话》录出，而托名朋九万。

192.《客杭日记》 1卷 元 郭畀

193.《使西域记》 1卷 明 陈诚

永乐中李达、陈诚使西域，历哈烈、撒马儿罕等 17 国，记山川风俗物产，其所经不过嘉峪关外一二千里，见闻未广，传述失真，不足征信。

194.《使交录》 18卷 明 钱溥

乃天顺六年使安南所作，多赠答诗文。

195.《淮封日记》 1卷 明 陆深

封淮王途中所作，其中纪马中锡抚贼事较详。

196.《使西日记》 1卷 明 都穆

奉使册封庆藩妃，至宁夏，记道路所经，于碑碣古迹载之颇详。

197.《断碑集》 1卷 明 方豪

重立颜真卿所书宋璟神道碑，碑在沙河。

198.《滇程记》 1卷　明　杨慎

谪永昌时记程之作。

199.《南内记》 1卷　佚名

即英宗所居之南城。

200.《西迁注》 1卷　明　张鸣凤

谪川所记，其中碑刻多载全文。

201.《蜀道驿程记》 2卷　清　王士祯

士祯为四川试官，记所经历，较士祯他行记精核。

202.《南来志》 1卷　清　王士祯

奉使祭南海。

203.《使琉球记》 1卷　清　张学礼

康熙元年奉使琉球所作。

204.《塞北小钞》 1卷　清　高士奇

从康熙北行所记。

205.《伪豫传》 1卷　宋　杨克弼

述刘豫降金僭号始末，克弼曾为刘豫之臣，后归宋。

206.《徐海本末》 1卷　明　茅坤

记胡宗宪诱杀徐海事，时茅坤在宗宪幕中，皆所亲见，叙述特详。

八、载记

1.《吴越春秋》 10卷　汉　赵煜

此为元大德十年丙午刊本。徐天祜音注。

赵煜所述虽稍伤曼衍，而词颇丰蔚，是汉晋间稗官杂记之体。徐天祜注颇有考证。

2.《越绝书》 15 卷 佚名

实东汉初会稽袁康作，同郡吴平所定。其文纵横曼衍，与《吴越春秋》相类，而博丽奥衍则过之。又多杂术数家言，皆汉人专门之学，非后来所能依托。

亦元大德丙午绍兴路刊。已非全书。

3.《华阳国志》 12 卷 《附录》 1 卷 晋 常璩

叙四川开辟以来事，自公孙述、刘备、刘禅，至晋平蜀，李特、雄、期、寿、势，又有《先贤士女志》、《后贤志》、《三州士女》等编。常璩即劝李势降桓温者。

是书已残缺，宋李垩为之补缀。

4.《邺中记》 1 卷 晋 陆翙

翙书本为二卷，记石虎之事，后人摭唐人马温所作《邺都故事》以补之，并为一卷。其书已佚，从《大典》中辑得 72 条。虽篇帙无多，而叙述典核，颇资考证。

5.《十六国春秋》 100 卷 旧题 魏 崔鸿

实明屠乔孙、项琳伪撰，崔鸿所作北宋时已亡。

6.《别本十六国春秋》 16 卷 旧题 魏 崔鸿

亦伪书，其出在屠伪本之前，或为节录崔鸿原书所成。

7.《蛮书》 10 卷 唐 樊绰

樊绰官于安南经略使幕府，亲见蛮事，故于六诏种族风俗、山川道里及前后措置始末，撰次极详，实舆志中最古之本。成于唐懿宗时。此书久佚，从《大典》辑出，已断烂不尽可读。

8.《钓矶立谈》 1卷

实史虚白之子所撰，杂录南唐事迹，附以论断。

9.《江南野史》 10卷 宋 龙衮

记南唐事，用纪传体，此本佚脱已半。叙次冗杂，殊乖史体，然与《五代史》颇有异同，可资考证。

10.《江南别录》 1卷 宋 陈彭年

记南唐事，其书颇好语怪，然其他可取者多。按彭年幼时即负文名，为李后主召入宫中，故于南唐事见闻甚详，为《资治通鉴》采用甚多。

11.《江表志》 3卷 宋 郑文宝

记南唐事。郑文宝亦南唐旧臣，后降宋，今仅存24页。

12.《江南余载》 2卷 佚名

此书实据郑文宝《江表志》为稿本。

13.《三楚新录》 3卷 宋 周羽翀

三楚者，长沙马殷、武陵周行逢、江陵高季兴，皆据楚地称王。此书记其兴废本末，其中与史不合者甚多。

14.《锦里耆旧传》 4卷 宋 句延庆

一名《成都理乱志》。纪王氏、孟氏据蜀时事，其体实近编年，所录西蜀兴废之迹，亦颇简略，惟于诏敕章表书檄，记载独详。

15.《五国故事》 2卷 佚名

为北宋初作品，以吴杨氏、南唐李氏、蜀王氏孟氏、南汉刘氏、闽王氏为五国，实小说之体，记录繁碎。

16.《蜀梼杌》 2卷 宋 张唐英

编年体，载王建、孟知祥据蜀事迹颇为详备。

17.《南唐书》 30卷 宋 马令

采及诗话小说，不免芜杂琐碎，不及陆游之作，然椎轮之始，令实有功。

18.《南唐书》 18卷 《音释》 1卷 宋 陆游

宋初撰南唐事者六家（徐铉、王举、路振、陈彭年、杨亿、龙衮），其后撰南唐书者三家（胡恢、马令、陆游），而游书尤简核有法。

19.《吴越备史》 4卷 《补遗》 1卷 旧题 宋 范坰 林禹

载钱镠以下累世事迹，图表俱佚，实钱俶之弟钱俨所作。

20.《安南志略》 19卷 元 黎崱

崱安南人，元世祖伐安南，降于元。所记安南事实与《元史》列传多有异同。其他山川人物，叙述亦皆详赡。

21.《十国春秋》 114卷 清 吴任臣

吴14卷，南唐20卷，前蜀13卷，后蜀10卷，南汉9卷，楚10卷，吴越13卷，闽10卷，荆南4卷，北汉5卷，十国纪元世系表合1卷，地理志2卷，藩镇表1卷，百官表1卷。

于旧说虚诬多所辨证。五表考订尤精，可称淹贯。

22.《越史略》 3卷 佚名

又名《大越史略》，纪安南事。上卷为赵陀诸王、西汉至石晋交州牧守姓名、吴权、十二使君、丁部领、黎桓以下诸王，中下卷皆曰阮纪，自李公蕴以下诸王记载特详。此书当是陈朝陈普或黎休所作。此书唐以前全袭史文，自丁部领以下则出其国人之词，与史殊有异同。

23.《朝鲜史略》 6卷　佚名

一名《东国史略》。乃明时朝鲜人所纪其国治乱兴废之事。始于檀君，终于高丽恭让王王瑶。自新罗朴氏以前稍略，而高丽王建以后皆编年纪载，事迹颇具。

24.《晋史乘》 1卷　《楚史梼杌》 1卷　佚名

此为元吾邱衍摭拾《左传》、《国语》、《说苑》、《新序》及诸子书汇次。后书坊改题书名，伪称古籍。

25.《十六国考镜》 1卷　旧题　宋　石延年

载十六国世代，共六千言，伪托宋人所作。

26.《西夏事略》 1卷　旧题　宋　王称

实王偁《东都事略》中之西夏传，作伪者钞出。

27.《明氏实录》 1卷　明　杨学可

记明玉珍父子始末，序次颇详。

28.《高丽史》 2卷　高丽　郑麟趾

原本有130余卷，仅存2卷。

29.《唐余纪传》 24卷　明　陈霆

以南唐承唐之正统，体例学《新五代史》。

30.《南诏事略》 1卷　明　顾应祥

摭各史蛮夷传及滇中旧志参订而成，所载郑氏世次及一切事实，皆诸书所未载。

31.《吴越纪余》 5卷　附《杂吟》 1卷　明　钱贵

纪春秋吴越事，所载皆习见之事。

32.《滇载记》 1卷 明 杨慎

纪滇域原始及各部姓种类。

33.《陈张本末略》 1卷 附《方国珍本末略》 1卷 明 吴国伦

多疏略。

34.《越峤书》 20卷 明 李文凤

以黎崱《安南志略》为蓝本，益以洪武至嘉靖事，朱彝尊极称其书。

35.《孤忠小史》 18卷 佚名

实即李文凤《粤（越）峤书》。

36.《朝鲜国纪》 1卷 明 黄洪宪

洪宪奉使朝鲜，睹其国先世实纪，因成此书，然所录甚略。

37.《吴越世家疑辨》 1卷 明 马荩臣

欧阳修《新五代史·吴越世家》，极言其汰侈暴敛。荩臣之师钱德洪为钱镠十九世孙，因令荩臣摘钱氏爱民政绩，以证《吴越世家》之妄。

38.《后梁春秋》 2卷 明 姚士粦

欲以萧詧续梁正统，用编年体。

39.《韩氏事迹》 1卷 《方氏事迹》 1卷 明 刘文进

记韩林儿、方国珍。纪事本末体。

40.《南诏野史》 1卷

实阮元声作，托名于倪辂、杨慎。前半册逐条标目，颇丛琐。后半册大蒙国以下，则历纪蒙氏始据南诏以迄于段明。末叙明代平滇始末。

41.《南唐拾遗记》 1卷　清　毛先舒

皆习见之事。

42.《十六国年表》 1卷　清　张愉曾

43.《中山沿革志》 2卷　清　汪楫

册封琉球国王时所作，专纪中山世系。

44.《十六国年表》 22表　清　孔尚质

以伪本崔鸣《十六国春秋》列传改为编年。

九、地理

1.《三辅黄图》 6卷　佚名

皆记长安古迹，以汉为主。三辅者京兆、冯翊、扶风也。晁公武谓梁陈间人作，程大昌谓今本唐肃宗以后人作。此书记宫殿苑囿之制，条分缕析，至为详备，考古者恒所取资，惟兼采《西京杂记》、《汉武故事》诸伪书，《洞冥记》、《拾遗记》诸杂说，爱博嗜奇，转失精核，不免为白璧微瑕耳。

2.《禁扁》 5卷　元　王士点

详载历代宫殿门观池馆苑御等名，凡116目15篇。欧阳玄、虞集皆以详赡推之。

3.《元和郡县志》 40卷　唐　李吉甫

原有图，已亡佚，又有六卷多亦亡佚，篇目断续，颇难寻检。《四库》仍勒为40卷，以存吉甫之旧。《舆记图经》、《隋》、《唐志》所著录者，率散佚无存，其传于今者，惟此书为最古，其体例亦为最善。

4.《太平寰宇记》 193卷　宋　乐史

宋太宗统一时所作。其书采摭繁富，惟取赅博，并录人物、题咏、古迹，开后来方志列人物、艺文之先河。地理之书记载至是书而始详，体例亦自是而大变。是书虽卷帙浩博，而考据特为精核。原本200卷，今佚7卷。

5.《元丰九域志》 10卷 宋 王存等奉敕撰

详载全国地理，始于四京，终于省，凡州县皆依路分隶，列地理、户口、土贡、乡镇、名山大川。其于距京距府，旁郡交错，四至八到之数，缕析最详，叙次简洁有法。此本为毛晋影钞北宋刻本。

6.《舆地广记》 38卷 宋 欧阳忞

前四卷先叙历代疆域，五卷以后乃列宋郡县名，体例特为清晰。燕云十六州等列入化外州。端委详明，较易寻览，亦舆记中之佳本。

欧阳忞，晁公武称无其人，而陈振孙以为其书成于政和中，忞，欧阳修之从孙。

7.《方舆胜览》 70卷 宋 祝穆

祝穆为朱熹弟子。所记以临安为首，分十七路，各系所属府州军于下，所述惟南渡疆域而已。大抵他志乘所详者皆在所略，惟于名胜古迹多所胪列，而诗赋序记所载独备，盖为登临题咏而设。然采摭颇富，大致详赡。

8.《明一统志》 90卷 明 李贤等奉敕撰

天顺中修成，体例根据《大元一统志》(其书已佚，《大典》中尚有佚文)，然纂修不出一手，舛讹牴牾，《日知录》讥之。此本内有嘉、隆时所建置，盖后人已有所续入。

9.《大清一统志》 500卷 乾隆二十九年奉敕撰

初辑于乾隆八年，每省先立统部，冠以图表，下列分野、建置沿革、形势、职官、户口、田赋、名宦。府州县又各立表，下列分野、建置沿革、形势、风俗、城池、学校、户口、田赋、山川、古迹、关隘、津梁、堤堰、陵墓、寺观、名宦、人物、流寓、列女、仙释、土产21门。共342卷。

乾隆二十二、二十八、四十年定伊犁，收回部，抚云南，又加增修。

10.《吴郡图经续记》 3卷 宋 朱长文

书成于元丰七年，载苏州一地。上卷分封域、城邑、户口、坊市、物产、风俗、门名、学校、州宅、南园、仓务、海道、亭馆、牧守、人物15门，中卷分桥梁、祠庙、宫、观、寺院、山水6门，下卷分治水、往迹、园第、冢墓、碑碣、事志、杂录7门。征引博而叙述简，文章尔雅，为郡志之最古者。

11.《乾道临安志》 3卷 宋 周淙

原本15卷，今仅存3卷。第一卷记宫阙官署题曰行在，二卷记沿革星野风俗……叙录简括，三卷记自吴至宋诸牧守。书虽残缺，而考武林掌故，必首称此书。

12.《淳熙三山志》 42卷 宋 梁克家

分地理、公廨、版籍、财赋、兵防、秩官、人物、寺观、土俗9门，主于纪录掌故，所记十国遗事，可资考证。（三山似即闽泉州。）

13.《吴郡志》 50卷 宋 范成大

分39门，征引浩博而叙述简核，为地志中之善本，往往夹注之中又有夹注。是书成大晚年作，郡人龚颐、滕茂、周南等助之。成大死后，人谓此书不出成大手，以是不得锓版。绍定时赵汝谈作序，以周必大墓志定此书实成大自撰，论乃定。

14.《新安志》 10卷 宋 罗愿

即徽州也。首州郡，次物产、贡赋，次歙、休宁、祁门、婺源、绩溪、黟六县，次先达，次进士题名，次牧守，次杂录，叙述简括，引据亦极典核。物产一门乃愿专门之学，征引尤为该备。（成于淳熙时。）

15.《剡录》 10卷　宋　高似孙

高似孙媚韩侂胄，居官贪酷。此乃所作《嵊县志》也。征引该洽，唐以前佚事遗闻颇赖以存。其先贤传，必注出处。其山水记，仿《水经注》。脉络井然，而风景如睹，均可为方志取法。（成于宁宗嘉定时。）

16.《嘉泰会稽志》 20卷　《宝庆续志》 8卷　宋　施宿撰　张淏续

即绍兴府志也。不用以纲统目之例，但标细目117，叙次有法。后25年，张淏续50目，亦简核不苟。皆地志中之有体要者。

17.《嘉定赤城志》 40卷　宋　陈耆卿

即台州总志，以所属临海、黄岩、天台、仙居、宁海五县，条分件系，分十五门。耆卿为叶適弟子，叙述咸中体裁，旧有图十三，今本图已佚。

18.《宝庆四明志》 21卷　《开庆续志》 12卷　宋　罗濬撰　梅应发　刘锡续

初，知庆元府胡榘命方万里因张津《四明图经》重加增订，事未成，罗濬继之。前十一卷为郡志，分9门46子目，后十卷为鄞、奉化、慈谿、定海、昌国、象山各县志。郡志与县志不相混，叙述谨严。

开庆元年，梅应发、刘锡作《续志》，专记吴潜治鄞三年政绩，于山川疆域已详旧志者概未之及，然吴潜政绩可观。其文集无传，此志载潜《吟稿》二卷。

19.《澉水志》 8卷　宋　常棠

实澉浦镇志也。分十五门，冠以舆图，叙述简核，纲目该备，8卷仅44页。明韩邦奇《朝邑县志》言约事尽，世以为特绝之作，其源乃出于此。（成于理宗绍定时。）

20.《景定建康志》 50卷 宋 周应合

即金陵府志。旧有乾道、庆元二志，应合之为一，复增补正讹。首为留都4卷，次图表志传45卷，末拾遗1卷。援据该洽，条理详明。

21.《景定严州续志》 10卷 宋 郑瑶 方仁荣

严州于宋为遂安军，度宗尝领节度使。是书叙述简洁。

22.《咸淳临安志》 93卷 元 潜说友

潜说友，宋亡降元，其人不足道，而书颇有条理。前十五卷为行在所录，记宫禁曹司之事，自十六卷以下乃为府志。区划明晰，体例井然，可为都城记载之法。后人作《西湖志》多采之。今本已佚碑刻七卷。

23.《至元嘉禾志》 32卷 元 徐硕

即嘉兴路志也。序次甚详，考证典核，而碑碣多至十一卷，自三国六朝以至南宋，备载无遗。

24.《大德昌国州图志》 7卷 元 冯夏京 郭荐

即定海县。因旧志重订，刊削浮词，简而有要。

25.《延祐四明志》 17卷 元 袁桷

袁桷文章博雅，为一时台阁之冠。此书分十二考，条例简明，最体要，考核精审，不支不滥，颇有良史之风。视至元嘉禾、至正无锡诸志，更为赅洽，惟自第九卷至第十一卷已亡佚。

26.《齐乘》 6卷 元 于钦

专记三齐舆地（山东），分八类：沿革、分野、山川、郡邑、古迹、亭馆、风土、人物，简核淹贯，向来称善本，苏天爵亦推挹甚至。

27.《至大金陵新志》 15卷 元 张铉

续周应合《建康志》以后七八十年事，其书亦依周书凡例。

28.《无锡县志》 4卷

约洪武时所作，分邑里、山川、事物、词章，词简事该，亦地志之善本。

29.《姑苏志》 60卷 明 王鏊

苏州自宋范成大、明卢熊后纂辑久缺，弘治中吴宽等续修未成，王鏊因宽旧稿与祝允明、文璧等芟繁订讹，分31门，繁简得中，考核精当。

30.《武功县志》 3卷 明 康海

仅7篇：地理、建置、祠祀、田赋、官师、人物、选举。王士祯谓其文简事核，训词尔雅。石邦教称其义昭劝鉴，尤严而公，乡国之史，莫良于此。

31.《朝邑县志》 2卷 明 韩邦靖

分7篇，仅24页，古今志乘之简无有过于是书者，而宏纲细目，包括略备。盖他志多夸饰风土，而此志能提其要，故文省而事不漏。然叙次点缀，若有余闲，宽然无局促束缚之迹。自明以来惟康海《武功县志》与此志最为有名。论者谓《武功志》体例谨严，源出《汉书》；此志笔墨疏宕，源出《史记》。然后来志乘多以康氏为宗，而此志莫能继轨。

32.《岭海舆图》 1卷 明 姚虞

凡12图，首为全省图，次十府十图，终以南夷图，图各有叙，大旨厚今薄古，略山川详厄塞，略战官详兵马钱粮，略文事详武备。湛若水、钱曾极推之。

33.《滇略》 10卷 明 谢肇淛

分为十门。大抵本图经旧文，稍附益以新事，而引据有征，叙述有法。

34.《吴兴备志》 32卷 明 董斯张

辑湖州故事，分26征，采摭极富。每门皆全录古书，载其原文。

35.《钦定日下旧闻考》 120卷 乾隆三十九年奉敕撰

因朱彝尊《日下旧闻》旧本删繁补缺，朱本分13门，钦定本增为15门。

36.《钦定热河志》 80卷 乾隆四十六年奉敕撰

分24门。

37.《钦定满洲源流考》 20卷 乾隆四十三年奉敕撰

分部族、疆域、山川、国俗4门。

38.《钦定皇舆西域图志》 52卷 乾隆二十一年奉敕撰

共载新图21，历代旧图12，又列表明国土分合建置沿革。疆域分4路：安西南路（嘉峪关外）、安西北路（哈密至迪化）、天山北路（伊犁）、天山南路（和阗）。又次为山水、官制、兵防、屯政、贡赋、钱法、学校、封爵、风俗、音乐、服物、土产、藩属、杂录。

39.《钦定盛京通志》 120卷 乾隆四十四年奉敕撰

旧志32卷，加以扩充。

40.《畿辅通志》 120卷 清 李卫等监修

康熙十一年令天下郡县分辑志书，于成龙延郭棻主其事。雍正七年又命天下重修通志，督臣唐执玉延田易等纂辑，后刘于义、李卫代领其事，雍正十三年成，分31目。

41.《江南通志》 200卷 清 赵宏思等监修

康熙二十二年总督于成龙等奉部檄创修，凡76卷。雍正七年尹继善奉诏重修，由黄之隽司其事，乾隆元年成。惟纂辑不出一手，微有牴牾。

42.《江西通志》 162 卷　清　谢旻等监修

旧有康熙五十九年白潢增修之《西江志》，雍正七年巡抚谢旻与陶成依据白志而修成，文简事核，厘然有序。

43.《浙江通志》 280 卷　清　嵇曾筠等监修

明薛应旗有《通志》72 卷，康熙二十一年赵士麟等复增修，雍正九年李卫开局，由沈翼机、傅玉露、陆奎勋司其事，共 54 门。

44.《福建通志》 78 卷　清　郝玉麟等监修

明黄仲昭有《八闽通志》，分 30 类。

45.《湖广通志》 120 卷　清　迈柱等监修

共 31 门，附见 13 门，所记湖北较湖南为详。

46.《河南通志》 80 卷　清　王士俊等监修

有顺治旧志，雍正九年田文镜开局，由孙灏、顾栋高司其事，考古证今，体例颇为整密。

47.《山东通志》 36 卷　清　岳濬等监修

有嘉靖及康熙时旧本，此为雍正七年奉诏开局，杜诏主其事，于旧志体例多有改革。

48.《山西通志》 230 卷　清　觉罗石麟等监修

有成化、嘉靖、万历、康熙旧本。康熙旧本系刘梅所修，五易稿而成。雍正七年奉诏开局，因旧本增订，共四十类，司其事者储大文，此处记山川形势，颇得要领。

49.《陕西通志》 100 卷　清　刘于义等监修

旧有康熙志，称简当。雍正开局，沈青崖主之，分为 32 类。

50.《甘肃通志》 50卷 清 许容等监修

甘肃至清代始设巡抚，无旧志参考，是本系据旧时《全陕志》为蓝本。

51.《四川通志》 47卷 清 黄廷桂等监修

川志明代凡四修，惟艺文志出杨慎手，最雅赡。康熙时又曾重修，雍正七年开局，分49类。

52.《广东通志》 64卷 清 郝玉麟等监修

有康熙时旧本，共35门，然成本匆促，多因旧文。

53.《广西通志》 128卷 清 金鉷等监修

成书于雍正十一年，亦多因旧文。

54.《云南通志》 30卷 清 鄂尔泰等监修

康熙三十年始草创省志，雍正七年复开局，靖道谟主之，因旧志增修，分30门。

55.《贵州通志》 46卷 清 鄂尔泰等监修

与《云南通志》同时纂次，亦由靖道谟主之，至乾隆十一年刊刻始竣。

56.《历代帝王宅京记》 20卷 清 顾炎武

历代建都之制，自伏羲至元。

57.《水经注》 40卷 后魏 郦道元

《水经》旧称汉桑钦作，实误，大约是三国时作品。有郭璞与郦道元二家之注。郭注唐杜佑尚见之，今佚。郦注佚5卷，是书自明以来无善本，惟朱谋玮所校盛行，今从《大典》辑出，犹宋之善本也。补今本缺漏2 128字，删今本妄增1 448字，正其误字3 715字，旧本经注混淆，今悉厘正。

58.《水经注集释订讹》 40卷　清　沈炳巽

据明嘉靖黄省曾刊本而以己意校定，多所厘正。

59.《水经注释》 40卷 《刊误》 12卷　清　赵一清

《水经》旧本，经注混淆，一清辨验文义，为之离析，并考证已佚5卷所载21水道。其中不免影附夸多，然旁引博征，颇为淹贯。

60.《吴中水利书》 1卷　宋　单锷

考察吴中水利三十年而成此书，原载《苏轼集》59卷中。

61.《四明它山水利备览》 2卷　宋　魏岘

鄞县有它山水，唐王元暐始艺堰溉地，宋嘉定中魏岘重修。

62.《河防通议》 2卷　元　沙克什

以宋沈立汴本及金都水监本合编，分6门，凡物料功程、丁夫输运以及安桩下络、叠埽修堤诸法毕备。

63.《治河图略》 1卷　元　王喜

首列六图，图末各系以说，而附《治河方略》及《历代决河总论》二篇，大旨取李寻因其自然之说，惟以浚新复旧为主。

64.《浙西水利书》 3卷　明　姚文灏

因太湖常泛滥，主张以开江置闸围岸为首务，兼修河道田围，参考诸家之言，斟酌形势，颇为详审。

65.《河防一览》 14卷　明　潘季驯

潘治水27年，卓有成绩。此书包括《河议辨惑》、《河防险要》、《修守事宜》、《河源河决考》，并辑录前人奏议论说80篇。隆庆中河决，季驯力主河复故道，生平规画总以“束水攻沙”为第一义。后虽时有变通，而言治河者，终以是书为准的。

66.《三吴水利录》 4卷　明　归有光

大旨以吴中水利宜专力松江，松江既治，则太湖之水东下，而他水不劳余力。

67.《北河纪》 8卷　《纪余》　4卷　明　谢肇淛

首列河道诸图，次分河程、河源、河工、河防、河臣、河政、河议、河灵8纪，详疏北河源委及历代治河利病，搜采颇备，条画亦颇详明。

68.《敬止集》 4卷　明　陈应芳

谈泰州一带河流。

69.《三吴水考》 16卷　明　张内蕴　周大韶

万历初，林应训视察三吴水道，令张、周辑成，诸水源流，诸法利弊，一一详赅，务切实用。

70.《吴中水利书》 28卷　明　张国维

列图52幅，辑章奏论议，所记虽止明代，然指陈详切。国维崇祯时治水有功，此书皆其阅历之言。

71.《钦定河源纪略》 36卷　乾隆四十七年奉敕撰

乾隆时，阿弥达奉诏探河源，言星宿海以西300里有阿勒坦郭勒，水色独黄；又西有阿勒坦噶达素齐老，为黄河真源。于是令纪昀、陆锡熊等辑此书。首冠以图，次以“质实”、“证古”、“辨讹”、“纪事”、“杂录”。按自古谈河源者或以为在西域，或以为在吐蕃，元世祖时遣笃什西探，仅达星宿海。

72.《昆仑河源考》 1卷 清 万斯同

按河源所在，历代争论，张骞言河源出盐泽，司马迁言河源出于阗，唐书又有李靖登积石山览观河源之言，元世祖令笃什西探，称得之朵甘思西鄙，潘昂霄等遂以鄂敦塔垃之潜行复见者为河源，斯同以为张骞所说不诬，而潘昂霄误。

73.《两河清汇》 8卷 清 薛凤祚

薛凤祚以天文名家，亦究心地理，此为论黄河、运河之书。

74.《居济一得》 8卷 清 张伯行

为河督时得诸阅历之作。前七卷条议东省运河坝闸堤岸及修筑、疏浚、蓄泄、启闭之法。

75.《治河奏绩书》 4卷 附《河防述言》 1卷 清 靳辅

中有川泽、漕运、河决、河道、职官、堤河等考，及修防汛地埽规、河夫额数、闸坝修规、船料工值，又有辅所上奏疏及部议、各河疏浚事宜等。

又《河防述言》为靳辅幕客陈潢所述，张蔼生笔录，分十二篇：河性、审势、估计、任人、河流、堤防、疏浚、工料、因革、善守、杂志、辨惑。

76.《直隶河渠志》 1卷 清 陈仪

述河北25大水，但记当时形势，敷陈利病，不谈考证沿革。

77.《行水金鉴》 175卷 清 傅泽洪

谈全国水道源流分合，综合古今，并及疏浚堤防，其例皆摘录诸书原文而以时代类次。谈水道者观此一篇宏纲巨目，亦见其大凡矣。传为傅泽洪幕客郑元庆所作。

78.《水道提纲》 28卷　清　齐召南

水道除《水经》外无专书，是书谈天下水道，以巨川为纲，而以所会众流为目，其源流分合，方隅曲折，则统以今日水道为主。

79.《海塘录》 26卷　清　翟均廉

谈浙江海塘。

80.《筹海图编》 13卷　明　胡宗宪

倭寇时所作，述明代海防。

81.《郑开阳杂著》 11卷　明　郑若曾

若曾师魏校、湛若水、王守仁，又与归有光、唐顺之游，入胡宗宪幕，论江防海防形势皆所目击。

82.《南岳小录》 1卷　唐　道士李冲昭

约作于唐昭宗时。列衡山五峰三涧，次叙宫观祠庙坛院之属，而以历代得道飞升之迹附之。

83.《庐山记》 3卷　附《庐山纪略》 1卷　宋　陈舜俞

舜俞尝以六十日尽游庐山而成此书，考据精核。

84.《赤松山志》 1卷　宋　道士倪守约

85.《西湖游览志》 24卷《志余》 26卷　明　田汝成

因记湖山之胜，而及南宋事迹，体裁在地志杂史之间。

86.《桂胜》 16卷　附《桂故》 8卷　明　张鸣凤

《桂胜》以桂林之山水标目，各引证诸书叙述于前，即以历代诗文附本条下，而石刻搜采尤详。《桂故》分郡国、官名、先政、先献、游寓、杂志6门。在明代舆记中，此书与康海、韩邦靖之书鼎足而三。

87.《钦定盘山志》 21卷 清 蒋溥等奉敕撰

盘山在蓟州北25里，清帝谒陵时常驻跸于此。

88.《西湖志纂》 12卷 清 梁诗正 沈德潜

李卫于雍正中修《西湖志》，延傅玉露、沈德潜分修。乾隆南巡，沈与傅重辑为十卷，献于帝。

89.《洛阳伽蓝记》 5卷 后魏 杨衒之

魏都洛阳崇佛，庙宇极盛，永熙之乱，城郭丘墟，武定五年衒之行役洛阳，感念废兴，追叙故迹。体例明晰，其文秾丽秀逸，烦而不厌，可与郦道元《水经注》肩随。史事亦详尽，其他古迹艺文及外国土风道里，采摭繁富。

90.《吴地记》 1卷 附《后集》1卷 旧题 唐 陆广微

实北宋人作。

91.《长安志》 20卷 宋 宋敏求

考订长安古迹。凡城郭、官府、山川、道里、津梁、邮驿，以至风俗、物产、宫室、寺院，纤悉毕具，其坊市曲桥及唐盛时士大夫第宅所在，皆一一能举其处，粲然若指诸掌。

92.《洛阳名园记》 1卷 宋 李格非

记洛中园囿，自富弼以下凡19所。

93.《雍录》 10卷 宋 程大昌

考订关中古迹，以《三辅黄图》、宋敏求《长安志》、吕大防《长安图记》及《绍兴秘书省图》诸书互相考证。搜罗既富，辨证亦详，在舆记之中，固为最善之本也。时孝宗锐意恢复，此书亦寓经略西北之意。

94.《洞霄图志》 6卷　宋　邓牧

洞霄宫在余杭，七十二福地之一。此书分宫观、山水、洞府、古迹、人物（列仙、高道）、碑记6门。牧文章本高旷绝俗，故所录皆详略有法。

95.《长安志图》 3卷　元　李好文

宋吕大防曾作《长安图记》，元时图尚有旧碑，好文因其旧本芟除讹驳，更为补订，凡汉唐宫阙陵寝及渠泾沿革制度皆在焉。

96.《汴京遗迹志》 24卷　明　李濂

义例整齐，颇有体要，征引典核。虽其精博辨晰不及《长安志》、《雍录》，而自朱梁以迄金元，数百年建置沿革，皆汇考胪编。

97.《武林梵志》 12卷　明　吴之鲸

南宋时杭州寺院极盛，至明渐废。之鲸考得426所，详记创置始末及其山川形胜。

98.《江城名迹》 2卷　清　陈宏绪

考南昌名迹，事皆目历。宏绪文章淹雅，在明末号能复古。是书叙次颇有条理，考证亦多精核，惟喜载杂事，多近小说。

99.《营平二州地名记》 1卷　清　顾炎武

营州为辽东，平州即永平，辽水之西，此书仅记辽东、辽西之古地名，至五代而止。

100.《金鳌退食笔记》 2卷　清　高士奇

士奇居太液池西，每日过金龟玉蝀桥，能望见内苑景物，又访问内监，故记之。此书已为《日下旧闻考》全部采录。

101.《石柱记笺释》 5卷　清　郑元庆

吴兴山水清佳，唐时刻有《石柱记》，载其山川陵墓古迹古器甚详。

元庆采掇诸书，为之注释。其征据考证，颇为赡博。

102.《关中胜迹图志》 32卷 清 毕沅

以郡县为经，以地理、名山、大川、古迹4子目为纬，而以诸图附于后，援据考证，各附本条，具有始末。

103.《南方草木状》 3卷 晋 嵇含

此书《隋》、《唐志》不载，《宋志》始著录。其书分草、木、果、竹4类，共80种，皆岭表之物。叙述典雅，非唐以后人所能伪。其本亦较完整。

104.《荆楚岁时记》 1卷 旧题 晋 宗懔

实为梁人。录荆楚岁时风物故事，自元日至除日，共36事。隋杜公瞻为之作注。

105.《北户录》 3卷 唐 段公路

是书约唐懿宗时在广州所作，载岭南风土，颇为赅备，而于物产为尤详，征引亦极博洽，如《淮南万毕术》、《广志》、《南越志》、《南裔异物会要》、《灵枝图记》、陈藏器《本草》、《唐韵》、郭缘生《述征记》、《临海异物志》、陶朱公《养鱼经》、《名苑》、《毛诗义》、《船神记》、《字林》、《广州记》、《扶南传》，诸书兹已散佚。

106.《桂林风土记》 1卷 唐 莫休符

唐昭宗时作，记桂林民风土产，又其中记录唐人诗篇，为《全唐诗》所采录。

107.《岭表录异》 3卷 旧题 唐 刘恂

刘恂，昭宗时人，然此书殆成于五代。粤东舆地之书如郭义恭《广志》、沈怀远《南越志》皆已不传，刘恂此书为最古。此书从《永乐大典》辑出。记载博赡，文章古雅，于虫鱼草木所录尤繁，训诂名义率多精核，历来考据之家，皆资引证。

108.《益部方物略记》 1卷　宋　宋祁

知益州时所作。凡草木41，药9，鸟兽8，虫鱼7，共65种，列而图之，各系以赞，而附注其形状于题下。图已佚，赞皆古雅。盖力摹郭璞《山海经图赞》，往往近之，注则颇伤謇涩，亦每似所作《新唐书》。

109.《岳阳风土记》 1卷　宋　范致明

不分门目，随事载记，书虽一卷，而于郡县沿革、山川改易、古迹存亡，考证特详。其他轶闻逸事，亦颇资采择，叙述尤为雅洁，在宋人风土书中，可谓佳本。

110.《东京梦华录》 10卷　宋　孟元老

北宋人于南渡后追忆汴京繁盛而作此书。自都城、坊市、节序、风俗及当时典礼、仪卫，无不赅载。虽不过识小之流，而朝章国故，颇错出其间，核其所记，与《宋史》颇有异同，可以互相考证，订史之讹舛。

111.《六朝事迹编类》 2卷　宋　张敦颐

其书为补《金陵图经》而作，分14门，引据详核，而碑刻一门尤有资于考据。

112.《会稽三赋》 3卷　宋　王十朋

①《会稽风俗赋》(仿《三都赋》，记山川、物产、人物、古迹)；②《民事堂赋》；③《蓬莱阁赋》。史铸作注。

113.《中吴纪闻》 6卷　宋　龚明之

采吴中故老嘉言懿行及其风土人文，编次成书。

114.《桂海虞衡志》 1卷　宋　范成大

共13篇。志岩洞、志金石、志香、志酒、志器、志禽、志兽、志虫鱼、志花、志果、志草木、杂志、志蛮，皆志广西风物。叙述简雅。

115.《岭外代答》 10卷 宋 周去非

周去非，宋孝宗时作官桂林，自序谓本范成大《桂海虞衡志》，而益以耳目所见闻，凡294条，分20门，所言皆军制户籍之事，视嵇含、刘恂、段公路诸书为详。

116.《都城纪胜》 1卷 宋 耐得翁

记杭州琐事，分14门：市井、诸行、酒肆、食店、茶坊、四司六局、瓦舍众伎、社会、园苑、舟船、铺席、坊苑、闲人、三教外地，叙述颇详，可以见南渡后土俗民风之大略。书成于端平二年，时孟珙会元灭金，文武恬嬉，故是书以富盛相谈。

117.《梦粱录》 20卷 宋 吴自牧

全仿《东京梦华录》之体，所记南宋郊庙宫殿，下至百工杂戏。然详于叙述而拙于文采。与《武林旧事》详略互见，均可稽考遗闻。

118.《武林旧事》 10卷 宋 周密

记南宋都城杂事，目睹耳闻，最为真确。于乾道、淳熙间三朝授受、两宫奉养之故迹，叙述尤详。体例仿孟元老而词华典赡。

119.《岁华记丽谱》 1卷 附《笺纸谱》 1卷 《蜀锦谱》 1卷 元 费著

成都唐宋时号为繁富、经南宋末兵燹，井闾凋敝。费著因追述旧事，自元旦至冬至无不备载，体例近《荆楚岁时记》。末附笺纸、蜀锦为川中二特产。

120.《吴中旧事》 1卷 元 陆友仁

记其乡之轶闻旧迹，以补地志之阙，其体例则小说家流也。《大典》本。

121.《平江纪事》 1卷 元 高德基

纪吴郡古迹，而亦兼及神仙鬼怪，诙谐谣谚，可裨图志佚闻。序次详赡，条理秩然，亦龚明之《吴中纪闻》之流亚也。其体不全为地志，亦不全为小说。

122.《江汉丛谈》 2卷 旧题 环中迂叟

据称明陈士元所作，其书于楚地故实，凡众说异同者，各设为答问，以疏通证明。

123.《闽中海错疏》 3卷 明 屠本畯

详记闽海水族，鳞部167种，介部90种。

124.《益部谈资》 3卷 明 何宇度

记四川山川物产及古今轶事。蜀地古迹多，文士众，物产富，是书掇拾搜罗，虽未赅备，然诠释不苟，去取颇严，以简洁胜。

125.《蜀中广记》 108卷 明 曹学佺

分名胜、边防、通释、人物、方物、仙、释、游宦、风俗、著作、诗话、画苑12目，搜采宏富，亦时有舛讹，谈蜀中掌故者终以此书为渊薮。

126.《颜山杂记》 4卷 清 孙廷铨

廷铨为益都颜神镇人。此书即叙其故乡，简核而隽异。王士祯称其记山蚕、琉璃窑器、煤井、铁冶，文笔奇峭。

127.《岭南风物纪》 1卷 清 吴绮

绮本文士，所叙简雅不支，可与《桂海虞衡志》相伯仲。共144条：气候2，石10，草木花竹60，鸟17，兽5，虫6，鳞介17，布3，香3，酒2，蔬谷4，杂事15。

128.《台海使槎录》 8卷 清 黄叔璥

巡视台湾时所作，分赤嵌笔谈、番俗六考、番俗杂记三部分，于山川风土、民俗物产言之颇详，而于攻守险隘、控制机宜及海道风信亦皆一一究悉，于诸番情势尤为赅备。

129.《龙沙纪略》 1卷 清 方式济

式济父谪黑龙江，式济往省，因据所见闻，考核古迹。分9门：方隅、山川、经制、时令、风俗、饮食、贡赋、物产、屋宇。

130.《东城杂记》 2卷 清 厉鹗

记杭州东城事85条，略于古而详于今。

131.《游城南记》 1卷 宋 张礼

张礼于元祐时游长安城南，访唐古迹，凡门坊、寺观、园囿、村墟及前贤遗迹见于载籍者，叙录甚备。

132.《河朔访古记》 2卷 佚名

实元郭啰洛纳新（葛逻禄乃贤）所作，纳新于至正五年自浙江渡淮溯河，寻吊古迹，因为之记，原本16卷，已佚。今从《大典》中辑出134条，所记皆在真定河南境内。其山川古迹多向来地志所未详，而金石遗文，言之尤悉。

133.《徐霞客游记》 12卷 明 徐宏祖

徐30岁后游各地，殁后手稿散佚，后人搜辑。第一卷自天台、雁荡以及五台、恒、华各为一篇，第二卷以下皆西南游记，凡25篇。宏祖锐于搜寻，工于摹写，足迹所经，排日记载，耳目所亲，见闻较确，黔滇荒远，舆地多疏，而此书于山川脉络，剖析详明，尤有资于考证。

134.《佛国记》 1卷 宋 释法显

晋义宁中，法显自安游天竺，经三十余国还，到京与天竺禅师互辨定以成此书。胡震亨称此书应名《法显传》。其书以天竺为中国，以中国为边地，盖释氏自尊其教，所记亦不必尽实。然六朝旧籍流传颇久，叙述古雅，亦非后来行纪所及。

135.《大唐西域记》 12卷 玄奘译 辩机撰

玄奘于贞观三年西行，归后辩机为撰此书，所叙138国，多《唐书》所不载，所述多佛典因果之事，而举其地以实之。晁公武称其记诸国风俗、衣服、幅员、物产，盖未详检此书。此书侈陈灵迹，尤不足稽，然山川道里，亦有互相证明者。

136.《宣和奉使高丽图经》 40卷 宋 徐兢

宣和六年奉使入高丽而作此书，分28门，凡其国之山川风俗、典章制度以及接待仪文、往来道路，无不详载，原本有图，今图已佚。

137.《诸蕃志》 2卷 宋 赵汝适

为提举福建路市舶时所作，所言皆海国之事，与《宋史》合，惟《宋史》多谈事迹，而此书详记风土物产，所记皆得诸见闻，叙述详核，为史家所依据。

138.《溪蛮丛笑》 1卷 宋 朱辅

南宋末人，记辰州五溪蛮之风土物产俗尚，事虽鄙而词颇雅。

139.《真腊风土记》 1卷 元 周达观

元成宗遣使真腊，达观从行，留其地三年，因记所闻见，共40则，文义颇详确。

140.《岛夷志略》 1卷 元 汪大渊

大渊至正中附贾舶浮海，越数十国，纪所闻见，以《瀛涯胜览》、《真腊风土记》校之，互有不同，盖偶一维舟，不能周览无遗。作诸史外国传者皆未身历其地，而大渊皆身历而手记，又于诸国山川险要、方域疆里一一记述，较史为详。

141.《朝鲜赋》 1卷 明 董越

弘治时出使朝鲜所作，凡土地之沿革、风俗之变易以及山川亭馆人物畜产，无不详录。

142.《海语》 3卷 明 黄衷

黄衷南海人，家居，就海洋番舶，详询其山川风土，裒录成编。分4类：风俗（2目）、物产（29目）、畏途（5目）、物怪（8目），所述海中荒忽奇谲之状极详，皆出舟师舵卒所亲见。

143.《东西洋考》 12卷 明 张燮

成于万历时，仿《诸蕃志》例，惟载海国之通互市者。①西洋考（15国，附录4）；②东洋考（7国，附录12）；③外纪考（日本、红毛番）；④税饷考（分水编、陆编、职官、公署）；⑤舟师考（分内港水程、祭祀占验、水醒水忌、定日、恶风潮汐）；⑥税珰考（记神宗时内官高寀通番蠹国劫官扰民始末最详）；⑦艺文；⑧逸事。

144.《职方外纪》 5卷 明 西洋人艾儒略

成于天启，因利玛窦、庞迪我旧本润色。所记皆绝域风土，自古舆图所不载。分五大洲，实世界地图也。《四库》称其所述多奇异不可究诘，似不免多所夸饰，然天地之大，何所不有？

145.《赤雅》 3卷 明 邝露

放诞之士，与阮大铖结交，后乃殉国。露游广西诸土司，为瑶女云亸娘留掌书记，归而述所见闻，所记山川物产皆词藻简雅，序次典核，不在《桂海虞衡志》下，可称佳本。

146.《朝鲜志》 2卷 佚名

卷首略叙疆域沿革，下分六大纲为经（京都、风俗、古都、古迹、山川、楼台），以所属八道为纬，皆略如中国地志。

147.《皇清职贡图》 9卷　乾隆十六年奉敕撰

以朝鲜以下诸外藩为首，其余诸藩诸蛮各以所隶之省为次，并增绘西域诸部，凡三百余种，分图系说。各图各绘其男女之状及其部长属众衣冠之别，凡性情习俗服食好尚，无不毕载。

148.《坤舆图说》 2卷　清　南怀仁

上卷自坤舆至人物，分15条，皆言地之所生。下卷载海外诸国道里山川民风物产，分五大洲。

149.《异域录》 1卷　清　图理琛

康熙五十一年图理琛出使土尔扈特，由喀尔喀越俄罗斯至其地，五十四年回京，所历之地为自古舆记所不载。

150.《海国闻见录》 2卷　清　陈伦炯

其父陈昂从施琅平台，琅遣使捕余党，出入东西洋五年。伦炯少从其父，后又官于滨海地，以平生闻见著此书。上卷记天下沿海形势录，下卷图六幅（《四海总图》、《沿海全图》、《台湾图》、《台湾后山图》、《澎湖图》、《琼州图》），于山川道里、沙礁岛屿、风云气候、民风物产，一一备书。

诸子读后

一、《老子》读后

老子是什么人？司马迁已经不很清楚，说他是老聃，又说可能是老莱子、太史儋。

自清代汪中到梁启超，颇疑老子其人：①孔孟不称引老子书。②老子书内容多战国时之思想术语。

老子的时代问题很难解决：其书思想确似战国时，它在哲学概念上比《论语》要精确细密，这些概念显然是在批判儒家仁义礼的概念后产生的（孔孟的仁义礼是伦理哲学的概念，而老子的道德是自然哲学的概念），是反儒家的。另外书中谈王侯、上将军、下将军、取天下、万乘之国，这些都是战国时的。另外书中也有兵家、墨家的影响。但是《庄子》称引老子，则其书之成大概早于《庄子》。

郭沫若认为：此书自春秋到战国形成，最后辑录者为环渊。郭说近似，但环渊辑录尚难证实。

老子书针对当时纷争的现实，从愤世嫉俗走向虚无主义，在这点上和庄子相似，但老子是提出哲学上的论证和政治上的主张，而庄子则以玩世的寓言、奇恣的文字表达出来。

老子对圣人、智者、仁义礼提出严格批判，创造了道德有无的新概念，富于思辨色彩。

老子书的最大特点是矛盾对举，如有无、阴阳、动静、高下、智愚、祸福……五千言中都是矛盾对举作论证，但他只能及矛盾的表面现象而没有深入本质，他强调了矛盾的统一转化，但无视矛盾的对立斗争，所以陷入相对主义，调和矛盾。（如§8“夫唯不争，故无尤”，§66“以其不争，故天下莫能与之争”，§68“不争之德”，§81“圣人之道，为而不争”。）这种对待斗争的态度反映出以柔为胜。

在政治上老子是无为主义、虚无主义、复古主义，主张返于自然，无为而治，反对现实中积极进步的事物，如反对知识，反对群众，反对实践，反对调查研究，反对主观能动性。（§3、18、19、20、29、38、47、65、80。）

老子看到了矛盾的发展，看到了主要矛盾方面的转化，但他死死抱住矛盾的非主要方面（柔弱），提倡柔弱的哲学，这样他的思想就有三个消极方面：

①成为懦夫哲学，要人一味谦卑柔弱不敢进取。（§76“强大处下，柔弱处上”，§52“守柔曰强”，§36“柔弱胜刚强”。）

②成为阴谋家哲学。（§61“大国以下小国，则取小国”，§34“将欲弱之，必固强之”。）

③中庸者哲学。（§44“知足”、“知止”，§46“祸莫大于不知足”。）

二、《庄子》读后

1.《逍遥游》（顺自然）

此篇以汪洋奇恣的寓言笔调表达出世超脱、任其自然的思想。其主旨在“乘天地之正，而御六气之辩”（顺物之性，适其变化）。鲲鹏行万里，蜩鸠抢枋榆，大者小者，各任自然，大者不自知其大，小者不自知其小，“朝菌不知晦朔，蟪蛄不知春秋”，人之志行各有不同，使主客观混为一体者为最高，故列子尚不免待风而行。混为一体，故无大小、修短、贤愚之别。许由敝屣天下，藐姑射山之神人游于物外，大瓠大樗亦任其自然，则各得其所。

这是出世哲学，抹杀主客观的矛盾，所以一切都是无目的、无标准、无差别。把鸿荒时代的世界视为最高境界，十分反动。

鷦鹩巢林，不过一枝；偃鼠饮河，不过满腹。

越俎代庖。

河汉斯言。

大有径庭。

短发文身。

形如槁木，心如死灰。

存而不论。

彼亦一是非，此亦一是非。

庄周梦蝶。

朝三暮四，朝四暮三。

2.《齐物论》（无差别）

此篇开头就以天籁、地籁、人籁来譬喻主客观之相互依存，相互同一，我与自然，混然一体，所谓“非彼无我，非我无所取”（没有客观就没有主观，没有主观，客观亦无所体现）。

从主客观之同一，进而论证是非之同一。因为从主观出发，所以“各是其是，各非其非”，产生无穷的是非纠纷（彼亦一是非，此亦一是非）。如果主客观是同一的，无彼此之分，也就无是非之分了。各是其所是，各非其所非，听任自然。庄子给描绘了一个万物无差别的境界，“凡物无成与毁，复通为一”，那些是非好恶美丑的成见都像“朝三暮四、朝四暮三”的众狙一样，“天下莫大秋毫之末而太山为小，莫寿于殇子而彭祖为夭，天地与我并生而万物与我为一”。

以下又用五则寓言来喻证“齐物”：①尧舜之问；②啮缺、王倪（知不知、美丑、利害均无差别）；③瞿鹊、长梧（生死无差别）；④罔两与景；⑤庄周、蝴蝶。

庄子的谬误在于：①强调主客观的相互依存，相互同一，而抹杀主客观的矛盾对立。②把价值标准（是非、美丑、善恶、大小、生死）都看作主观的，完全抹杀客观标准。他从无主客观、无彼此观走入了无是非观、无价值观，从相对主义走入虚无主义。

3.《养生主》（养生之道）

此篇较短，开头一段是总纲，以下提出五个喻证。大旨是养生要顺自自然，庖丁解牛一节最为脍炙人口。

庖丁解牛。

目无全牛。

恢恢乎其于游刃，必有余地矣。

踌躇满志。

火尽薪传。

4.《人间世》(处世哲学)

庄子是出世主义者，《养生主》、《人间世》岂不是矛盾的？庄子对待生命和现实，其实是苟全性命于乱世的思想。在本篇首段仲尼答颜回的一段，提出“心斋”、“虚者心斋也”，虚柔任物，随世浮沉，放任自然，苟全性命，所以仲尼告诫颜回，入卫有杀身之祸，只能“入游其樊而无感其名，入则鸣，不入则止，无门无毒”（也就是俯仰随俗，可为则为，不可为则止，无成规无目的)。第二段叶公子高问仲尼一节与第三段蘧伯玉一节，与世浮沉的思想更明显，所谓“乘物以游心”（随世俗而寄托我心)，既不要抗拒现实，否则螳臂当车力不胜任！又不要沉溺现实之中，否则爱马拊虻，缺衔碎胸。

庄子的人生哲学是混日子的哲学，他用树木和残废者作喻证，不材之木可以全其天年，而良材不免于斧斤，残废的人可以逃避兵役劳役。

螳臂当车。

终其天年。

5.《德充符》

此章说两个意思：

(1) 现象和本质的对立。举丑陋、残疾而有德者说明物形体虽残废而德充于内，所以外形与道德不是统一的（如兀者王骀、申徒嘉、叔山无趾、哀骀它等)。

实际上外形和道德并不是一对矛盾。现象当然并非总和本质相符，但庄子则把两者完全割裂了。

（2）庄子处世哲学是：既生而为人，就得任其自然，混迹世间，但不要有是非好恶的感情。

相濡以沫，不如相忘于江湖。

6.《大宗师》

此篇多言“真人”、“道”、“生死”。

7.《应帝王》（治天下）

无为而治。

顺其自然。

外篇颇有疑非庄子作，而为学庄者缘老子立言，故中多老语。

8.《骈拇》

此篇首尾完整，是一篇严密的论文、主旨是任性命之情，反对仁义，把仁义看作骈拇枝指。

凫胫虽短，续之则忧；鹤胫虽长，断之则悲。

9.《马蹄》

主旨同上篇，任自然之性，反对仁义礼乐，文章首尾完整，结构严密，颇似秦以后的文章，有很高的文学价值。

10.《胠箧》

反对圣贤智慧。

窃钩者诛，窃国者侯。

以上三篇（七、八、九）思想一脉相承，阐发老子之义，文体类似首尾完整，复古倒退思想。

11.《在宥》

此篇亦言治天下，主张无为而治，与《应帝王》相发明。

12.《天地》

此篇体裁较零碎，大多为论道之作，与《大宗师》相互发明。

13.《天道》

14.《天运》

15.《刻意》

16.《缮性》

17.《秋水》

言物各任其自然之性，则各得其所，即《逍遥游》、《齐物论》之意，均以喻证书之。共七喻证，皆精彩之作：①河伯与北海君；②夔一足，蚿多足，蛇无足；③孔子困于宋；④驳公孙龙；⑤曳尾涂中；⑥鸱与鹓雏；⑦濠上观鱼。

望洋兴叹。

方家。

夏虫语冰。

天地稊米，豪末丘山。

管窥锥指。

邯郸学步。

曳尾涂中。

濠上观鱼。

18.《至乐》

言苦乐生死之道。其主旨是：不一其能，不同其事，名止于实，义设于道。各个具体事物都有具体的价值标准。

庄子的矛盾变化观点是突出的，但却是相对主义。

鼓盆而歌。

南面王。

19.《达生》

亦谈养生之道，发挥《养生主》。

什么是生命?“天地者，万物之父母也，合则成体，散则成始。”

各喻证皆说明顺应生命之自然：醉者坠车，虽疾不死，以其死生惊惧不入于胸中。津人操舟若神。养生如牧羊。梓庆削木为鐻。

20.《山木》

以山木与雁喻人应处于材不材之间，度己以游世，鸟之不先不后者保其生，螳螂捕蝉黄鹊在后，此发挥《人间世》之旨。

君子之交淡若水。

21.《田子方》

较零碎，言得道真人。

亦步亦趋。

22.《知北游》

论道之作，阐明老子思想，道不可致，德不可至，无言之教，化腐朽为神奇，人生天地之间若白驹之过隙，监市履狶每下愈况。

23.《庚桑楚》

24.《徐无鬼》

徐无鬼因魏武侯之所好而说之，贬斥爱民仁义，似纵横家言。

以下几则寓言颇精彩。

25.《则阳》

蛮触相争之喻。

卤莽灭裂（为政勿卤莽，治民勿灭裂）。

蘧伯玉行年六十而知五十九年之非。

26.《外物》

鲋鱼求水。

盗墓之儒。

老莱子语孔子。

宋元君杀神龟。

辙中鲋鱼。

得鱼忘筌，得意忘言。

27.《寓言》

28.《让王》（以下四篇古今学者多以为伪作）

皆让天下而不受，与富贵而不受，意殊浅薄。

29.《盗跖》

盗跖驳孔子一段有造反精神，淋漓痛快，但文气绝不类庄子作品。

子张、满苟得一段讽刺儒者言行不一。

30.《说剑》

记庄子劝赵文王摒弃剑士之事，首尾一贯，颇似纵横家言。

31.《渔父》

托渔父与孔子对答之词，贬儒术，以天真与人伪对立。

32.《列御寇》

33.《天下》

当代学术流派的批判。

三、《墨子间诂》读后

墨："其行难为也，恐其不可以为圣人之道，反天下之心，天下不堪。墨子虽能独任，奈天下何！离于天下，其去王也远矣。""墨翟、禽滑厘之意，其行则非也。""虽然，墨子真天下之好也，将求之不得也，虽枯槁不舍也，才士也!"

宋钘、尹文：白心，别宥之术。

彭蒙、田骈、慎到：弃知去己。

关尹、老聃：古之博大真人哉！

庄周。

惠施。

1.《亲士》

《尚贤》篇之余义，大意是治国须进用贤士。

甘井近竭，招木近伐，灵龟近灼，神蛇近暴。

千镒之裘，非一狐之白。

其直如矢，其平如砥。

2.《修身》

根本要务在行为、实践，主张"贫则见廉，富则见义，生则见爱，死则见哀"，反对"务言而缓行，多力而伐功"。

3.《所染》(言择人治国，择人交游)

举 19 个历史例证，以下又举 6 个例证，通篇用历史例证说明治国、交游均须择人。

墨子见染丝者而叹染于苍则苍，染于黄则黄。

4.《法仪》

《天志》之余义。此篇颇有平等思想。

首段言百工皆有法度，治天下更需要法度。天就是法度，"天之行广而无私，其施厚而不德，其明久而不衰，故圣王法之。既以天为法，动作有为，必度于天，天之所欲则为之，天所不欲则止”。天之于人兼爱兼利，故圣王亦兼爱兼利。

5.《七患》

《节用》之余义也。

首先提出七患，转入农业生产之丰歉，国君应节用备荒，着重在节约有备。

6.《辞过》

与《节用》篇文义略同。

在宫室、衣服、饮食、舟车、妾侍五方面要节用。

7.《三辩》

《非乐》之余义也。三辩指尧舜、汤、武。

历史上乐愈到后愈繁，其治愈寡。成王不及武王，武王不及汤，汤不及尧舜。

驾而不税（马拉着车老不休息，“税”即“脱”也，有劳无逸之义）。

8.《尚贤上》

国之治在于尚贤，欲使国之贤士多，在于富之贵之教之誉之。

尚贤为政之本。

9.《尚贤中》

尚贤为政之本。

有一些颇有问题、可玩味的说法。“自贵且智者，为政乎愚且贱者，则治；自愚且贱者，为政乎贵且智者，则乱”，这是阶级压迫的表现。从此篇观，墨子很强调治人而不强调治法，强调提拔贤者，是否新兴封建主的要求？

墨子所说“贤”，是指能者，故曰尚贤使能，贤的反面是不肖者、亲者、面目姣好者。

墨子书特点是好读历史，古为今用。

10.《尚贤下》

与上二篇相同。

以富贵来激劝贤能，是物质刺激。

为贤之道将奈何？曰："有力者疾以助人，有财者勉以分人，有道者劝以教人。"

11.《尚同上》(同是统一、团结、和睦、服从)

首段，墨子把上古无刑政社会看作乱世。

此篇值得注意：墨子描绘了天子、诸侯、乡长、里长的金字塔社会，要求上同于天子，亦即服从天子，这岂不是后来几千年封建专制政体的预言吗？

12.《尚同中》

这是贵族社会的反映，亦是封建专制统治的意图。

上同不敢下比，这是专制社会的反映。

今日之"正长"，是"宗于父兄故旧"，这是反贵族统治。

13.《尚同下》

强调"得下之情"、"明于民之善非"。为要"得下之情"，必须"尚同"。

14.《兼爱上》

言天下之乱，是由于不相爱而起。唯心主义！

15.《兼爱中》

怎样才能兼爱？靠统治者提倡。

16.《兼爱下》

以兼代别。

17.《非攻上》

此篇大意与“窃国者侯，窃钩者诛”相同。

18.《非攻中》

此文是反对战争，理由是当时土地广（有余），人口少（不足），战争是弃不足而重有余……

19.《非攻下》

禹攻九苗，汤攻桀，武王攻纣，皆非攻而为诛，这是词意学的诡辩。

非攻是和弭兵之会差不多的意思，战争是阶级斗争最高形式，墨子根本不知此道理。

20.《节用上》
21.《节用中》 } 其文义与《辞过》相似。

22.《节用下》
23.《节葬上》
24.《节葬中》 } 缺佚。

25.《节葬下》

节葬是从节用的原则而来，墨子之意是以人民富足为目的，厚葬则劳民伤财。主张桐棺三寸，衣衾三领，其葬也，下毋及泉，上毋通臭，生者必无久哭。

26.《天志上》

顺应天意，不可得罪于天，天欲义而恶不义。

又提出金字塔式的政治结构：庶人、士、将军、大夫、三公、诸侯、天子、天。

“顺天意者，兼相爱，交相利，必得赏。反天意者，别相恶，交相贼，必得罚。”

27.《天志中》

“义不从愚且贱者出，必自贵且知者出。”

天是最贵最知，故治国君子必从天意。天之意不欲大国攻小国，大家乱小家……

28.《天志下》

“然而正者，无自下正上者，必自上正下。是故庶人不得次已而为正。”

“顺天之意何若？曰兼爱天下之人。”

“顺天之意者兼也，反天之意者别也。兼之为道也义正，别之为道也力正。”

以上是墨子思想的核心。

29.《明鬼上》
30.《明鬼中》（缺佚）

31.《明鬼下》

天下之乱，在于疑惑鬼神之有无，不明鬼神之能赏贤罚暴。

通篇以历史例证证明有鬼。杜伯之于周宣王，郑穆公得赐寿 19 年，庄子仪之于燕简公，祩之殪祐观辜，羊触死中里徼。

又举三代圣王尧、舜、禹、汤、文、武及周书、商书、夏书。

32.《非乐上》

乐对民没有利，故非乐，乐使上下不勤。

33.《非乐中》（缺佚）

34.《非乐下》（缺佚）

35.《非命上》

反对宿命论，言有三表：上本之于古者圣王之事，下原察百姓耳目之实，发以为刑政，观其中国家百姓人民之利。

相信宿命就抹杀了主观能动作用。

36.《非命中》

安危治乱在上发政，岂可谓有命哉？

37.《非命下》

38.《非儒上》（缺佚）

39.《非儒下》

驳三年之丧；驳列尸弗敛；驳娶妻亲迎，优厚于妻；驳天命；驳繁饰礼乐，久丧伪哀，立命缓贫，倍本弃事，贪于饮食、惰于作务；刺儒之夏乞麦禾，五谷既收，大丧是随，子姓皆从；驳儒之古言古服；驳循而不作；驳胜不逐奔，掩函弗射；驳君子若钟，击之则鸣，弗击不鸣。

说孔子勾结白公（白公与石乞作乱于楚）。

孔某盛容修饰以蛊世，弦歌鼓舞以聚徒，繁登降之礼以示仪，务趋翔之节以观众，博学不可使议世，劳思不可以补民，絫寿不能尽其学，当年不能行其礼，积财不能赡其乐，繁饰邪术以营世君，盛为声乐以淫愚民，其道不可以期世，其学不可以导众。

责孔子煽田常之乱，奉季氏，抢肉抢酒，诬舜、周公，其徒子贡、子路、阳货、佛肸、漆雕皆作乱。

40.《经上》

41.《经下》

42.《经说上》

43.《经说下》

以上 9 篇舛误脱漏，佶屈聱牙，不可卒读，多自然科学。

44.《大取》

错乱不能卒读。

45.《小取》

皆形式逻辑也。

46.《耕柱》

皆墨子与其徒问答之词。

鬼神智于圣人。

能谈辩者谈辩，能说书者说书，能从事者从事，然后义事成也。

君子无斗。

47.《贵义》（此篇为墨子语录）

墨子推崇“义”。

墨子是“贱人”，言行但求利于天鬼百姓，合于三代圣王。

以卵投石也，尽天下之卵，其石犹是也。

量力而行。

48.《公孟》

大多是和公孟辩论之词，批判儒家，公孟为儒者。

驳君子不扣不鸣；驳君子处而不出，人争求之；驳儒服古言；驳儒家之命定论；驳久丧废事；驳无鬼而学祭礼；儒家四政丧天下（不信天鬼，厚葬久丧，弦歌鼓舞、习为声乐，定命论）。

劝学重义。

49.《鲁问》

前段为答鲁君之问，大多言非攻之意。

中有与吴虑辩论，吴虑盖许行之徒也。

墨子不受越封地。

“凡入国，必择务而从事焉。国家昏乱，则语之尚贤、尚同；国家贫，则语之节用、节葬；国家憙音湛湎，则语之非乐、非命；国家淫僻无礼，则语之尊天、事鬼；国家务夺侵凌，则语之兼爱、非攻。”

末段与公输对答。

50.《公输》

此篇述墨子止楚攻宋事，首尾完整一贯，足见墨家行事精神。

51. 缺

52.《备城门》

53.《备高临》

54. 缺

55. 缺

56.《备梯》

57. 缺

58.《备水》

59. 缺

60. 缺

61.《备突》

62.《备穴》

63.《备蛾傅》

64. 缺

65. 缺

66. 缺

67. 缺

68.《迎敌祠》

69.《旗帜》

70.《号令》

71.《杂守》
以上均言守城法。

墨子书可分成五组：

①自《亲士》至《三辩》。《法仪》一篇颇似墨家纲领，而《亲士》、《修身》、《所染》三篇，缺少墨学味道，或为伪托。

②《尚贤》、《尚同》、《兼爱》、《非攻》、《节用》、《节葬》、《天志》、

《明鬼》、《非乐》、《非命》、《非儒》为墨家思想的中坚，其中兼爱是墨家思想的主干。尚同、尚志、明鬼都是兼爱的根据，而非攻、节用、节葬、非乐都是兼爱的应用推衍。

③《经》上下、《经说》上下、大小《取》都是逻辑学、自然科学方面的问题，错简古字很多，极难读，但似和墨家思想无多大关系。有人说是墨学在后期的发展，有没有可能是错混在墨子书中的呢？

④《耕柱》至《公输》五篇为墨子的问答、语录、行事。

⑤《备城门》以下为守城之法。

墨子思想是反儒家的，又显然与儒家有同源关系，对《诗》、《书》、《春秋》等古典籍，对三代圣王的态度，对“义”的概念和儒家是一致的，他所反对的是儒家的礼乐。（对《易》则没有提起。）

墨子生当中国刚刚跨入封建社会的时候，他的反贵族思想是特出的：尚贤是反对贵族的特权政治，非攻是反对贵族的不义战争，节用、节葬、非乐是反对贵族的奢侈淫逸。他的出发点是兼爱，要兼爱天下，兼利天下，这是墨家判断言行的最高准则。天下为什么乱呢？答复是起于不兼爱。为什么应当兼爱呢？答复是顺天之意。怎样才能兼爱呢？答复是靠说服。这是用唯心主义的陈词滥调代替了血淋淋的阶级斗争的现实。墨家的思想就是这种简单而朴素的论证。

墨子是个思想家、苦行家、宗教教主。怎样实行兼爱？他实际上是毫无办法，或者根本不去答复这个问题。儒家有一套修齐治平之道，法家有严酷的法度，只有墨家缺乏实现主张的手段，但那种苦行的意志，摩顶放踵利天下而为之的精神，栩然纸上。墨家最与宗教相近，尚同的思想贯彻到墨家的组织中，墨子俨然是创教的教主，以后墨家的巨子制度，令出必行，似乎是相当严密的组织。

墨子思想中最下乘的糟粕，一是《明鬼》，通篇胡说，极为浅薄；另外《天志》中肯定金字塔式的社会结构，《尚同》中提倡自上而下的政治，是专制主义的辩护士。

墨家和各派思想的关系是个很有趣的问题。我的印象是春秋战国百家中，儒家最先出，影响最大，墨家继之。儒、墨都继承了周代思想传统，儒家是无保留地全盘肯定，而墨家则肯定三代圣王，但批判其礼乐，这是对奴隶社会思想传统的批判（思想的批判常常不是在思想的全部领域展开，而是常从其薄弱腐朽的环节开刀）。所以儒、墨两家的冲突反映了奴隶主和封建主的冲突。

其他百家就在儒、墨的影响之下。

名家和道家是与墨很有关系的，墨的兼爱一变而与惠施的泛爱万物天地一体，惠施取兼爱而抛弃了天志、明鬼的理论根据，另外提哲学和科学上的根据，并且发展了辩术，因此而有桓团、公孙龙的名家。墨子书的第三组中保留着此一派的思想资料。

宋钘、尹文提出“心之容”（宽容）、“情欲寡”，但仍以兼爱、非攻、节用为中心，所以宋钘、尹文有说是道家，也有说是墨家。

从宋钘又走向老聃的无为主义，不为天下先，再走向庄子齐万物任自由，但老和墨又显然有本质区别。

四、《荀子》读后

1. 唯物主义自然观

把天说成是自然，没有意志，没有目的，而只有功能。

物质是由气构成（但未详细展开）。

物质是第一性：

“天地合而万物生，阴阳接而变化起”（《礼论》）。

“形具而神生”（《天论》）。

反对天命论：

“强本而节用，则天不能贫”。

“本荒而用侈，则天不能使之富”。

反对灾异。

人定胜天：

“制天命而用之”。

“天地官而万物役”。

局限性：

i. 循环论。“千岁必反，古之常也”（《赋》）；“始则终，终则始，若环之无端也”（《王制》）。

ii. 神秘主义残余，神道设教。

2. 唯物主义认识论

事物可认识，“可以知物之理也”（《解蔽》）。

感觉和思维，天官和天君（五官和心）。

“心有征知……然而征知必将待天官之当簿其类，然后可也”（《正名》）。

行重于知：“知之不若行之，学止于行之而止矣”（《儒效》）。

局限性：

i. 夸大心的作用，认为心“出令而无所受令”（《解蔽》）。

ii. 夸大君子和圣人的认识。

iii. 真理的标准是“其行合礼”，“合王制”。

3. 正名论的逻辑思想

i. 正名的必要。制名以制实，使名实相符，人们才能够交流思想。

ii. 正名的根据。感觉不同。

iii. 正名的原则。异实者异名，同实者同名。

4. 性恶论

强调性伪之分，反对先天的道德观念论，主张环境决定论，“人之性恶，其善者伪也”（《性恶》）。

5. 社会历史观

人能群。

解释礼的起源，是养人之欲，给人之求。

夸大礼的作用，礼就是等级，“礼别异”。

礼法并用。

“君者舟也，庶人者水也，水则载舟，水则覆舟。”（《王制》）

王霸杂用。

法后王。

6. 荀子的贡献与局限

i. 天人关系。唯物主义自然观和人定胜天，但“不求知天”。

ii. 经验与理性关系上。避免了狭隘经验论，但仍重理性。

iii. 主客观关系上。承认客观是基础，但过分强调心的作用。

iv. 名实关系上。实决定名，但狭隘地理解为政治服务，妨碍逻辑学的独立发展。

v. 人性问题上。反对先天的道德观，但陷入唯心主义的人性论。

vi. 在礼法关系上。礼法并重，但把礼绝对化。

7. 性善性恶的区别

i. 善包括知识，是承认先验的知识，这是先验论。

恶是感官的欲望，是伦理学上的感觉论，略有唯物主义色彩。

ii. 因性善，就向内做功夫，重修养。

因性恶，就向外界学习，环境决定论。

iii. 两者共同错误不是从社会实际出发，都是抽象的人性论。

8. 荀子的“礼”

从性恶到礼，人都有欲望。荀子错误地把人的生理欲望叫作恶，光是寡欲是不行的，而要适当地满足和调节，这就是礼。礼是“损有余，益不足”(财产再分配)。

“礼者，法之大分，类之纲纪也，故学止乎礼而止矣。”(《劝学》)

“先王恶其乱也，故制礼义以分之，以养人之欲，给人之求。”(《礼论》)

“礼者，养也。”(《礼论》)

五、《韩非子》读后

1. 批判孔子的仁

也就是批判以血缘关系为基础的亲亲原则，反对“去求利之心，出相爱之道”，反对仁人君子，主张功利主义。

主张“君不仁，臣不忠，则不可以霸王矣”(《六反》)，“设利害之道以示天下”(《奸劫弑臣》)。

建立法治理论。

2. 批判法先王

包含历史进化论因素。“圣人不期修古，不法常可，论世之事，因为之备”（《五蠹》），“法与时转则治，治与世宜则有功”（《心度》）。

“举先王言仁义者盈廷，而政不免于乱”（《五蠹》）。

指出厚古即非今，“为人臣常誉先王之德厚而愿之，是诽谤其君者也”（《忠孝》）。

3. 中央集权

“事在四方，要在中央，圣人执要，四方来效”（《扬权》）。

“势”（似指权力），“抱法处势则治，背法去势则乱”（《难势》）。

4. 法

“主施其法，大虎将怯；主施其刑，大虎自宁。法刑苟信，虎化为人，复反其真”（《扬权》）。

“法者，编著之图籍，设之于官府，而布之于百姓者也”（《难三》）。

“法不阿贵”，“法之所加，智者弗能辞，勇者弗敢争”（《有度》）。

5. 耕战

耕战是国家富强的保证。

6.《五蠹》

《五蠹》是韩非总结秦和韩不同变法过程而写成的。为建立一个封建的统一政权而服务，为取得统一战争的胜利，就要有经济实力和军事实力，因此大力提倡耕战，反对五种人：“学者”（儒）、“带剑者”（侠）、“言谈者”（纵横家）、“患御者”（食客）、“商工之民”。

（1）反儒言论。

“藏书策，习谈论，聚徒役，服文学而议说”（《显学》）。

“儒以文乱法”（《五蠹》）。

“称先王之道……以疑当世之法而贰人主之心”（《五蠹》）。

（2）法后王。

“今有美尧舜汤武禹之道于当今之世者，必为新圣笑矣”（《五蠹》）。

举守株待兔例。

（3）意识形态领域中的地主阶级专政。

“明主之国无书简之文，以法为教；无先王之语，以吏为师”（《五蠹》）。

（4）承认专政和暴力，强调统一。

“严其境内之治，明其法禁，必其赏罚，尽其地力以多其积，致其民死以坚其城守”（《五蠹》）。

“峭其法而严其刑”（《五蠹》）。

“行诛无赦”（《五蠹》）。

“事在四方，要在中央”（《扬权》）。

强调法、术、势。

（5）后人的评论。

董仲舒：骂秦“师申商之法，行韩非之说，憎帝王之道，以贪狼为俗”（《汉书·董仲舒传》）

司马光：骂韩非“罪固不容于死矣，乌足愍哉”（《资治通鉴·秦纪》）。

胡适：“是科学与哲学思想发达的最大阻力”。

7. 法、术、势

韩非总结了商鞅（法）、申不害（术）、慎到（势）的思想。

（1）法是行为的标准，是统治工具，有助于树立地主阶级专政。法令叫作“名”，根据法令进行赏罚叫作“刑”。

“法者，宪令著于官府，刑罚必于民心，赏存乎慎法，而罚加乎奸令者也”（《定法》）。

“使吾法之无赦，犹入涧之必死也，则人莫之敢犯也”（《内储说上》）。

（2）术是根据法去控制官吏的手段。

“术者，藏之于胸中，以偶众端而潜御群臣者也。故法莫如显，而术不欲见”（《难三》）。

（3）势就是掌握政权。

“抱法处势则治，背法去势则乱”（《难势》）。

8. 进步的社会历史观

韩非在《五蠹》中讲上古、中古、近世（这种说法已包含历史进化味道，但仍是英雄史观）。

反对复古主义，不仅历史观上，而且在认识论上提“参验”。

斗争的原因是人口增殖，物资缺乏。

君民关系建立在利害对立之上，“不恃赏罚而恃自善之民，明主弗贵也”（《显学》），“父母之爱不足以教子，必待州部之严刑者，民固骄于爱、听于威矣”（《五蠹》），“严家无悍虏，而慈母有败子”（《显学》）。

9. 唯物主义认识论

10. 唯物主义自然观

自然界的总规律是道，事物的特殊规律是理。

“万物各异理而道尽，稽万物之理”（《解老》）。

反对龟策、鬼神。

六、《盐铁论》读后

这是地主批级从进步革新走向保守反动过程中爆发的一场大争论，是西汉前期一百几十年政治路线的批判和总结，争论集中在经济政策、对外路线和内政问题上，但涉及先秦历史、儒法的主张。

大夫主张，货币应统一由官铸，“刀币无禁，则奸贞并行”，盐铁应当归国营。

七、王充

27—100 年（光武一和帝），上虞人，祖辈“以农桑为业”，“以贾贩为事”。

对当时的贫富对立、政治腐败、谶纬迷信很不满。

1. 唯物主义自然观

自称其自然观“虽违儒家之说”，而合于“黄老之义”（《自然》）。

元气论，“天地，含气之自然也”《谈天》，“天覆于上，地偃于下，下气蒸上，上气降下，万物自生其中间矣”（《自然》）。

人是自然界的一部分，“人生于天地也，犹鱼之于渊，虮虱之于人也，因气而生，种类相产”（《物势》），“夫倮虫三百，人为之长。人，物也，万物之中有智慧者也”（《辨祟》）。

形神关系：“天下无独燃之火，世间安得有无体独知之精”（《论死》）。

反对神学目的论。“儒者论曰，天地故生人。此言妄也。夫天地合气，人偶自生也，犹夫妇合气，子则自生也”（《物势》）。

2. 无神论

反对天生圣人。

反对祥瑞。“文王当兴，赤雀适来；鱼跃乌飞，武王偶见。非天使雀至白鱼来也”（《初禀》）。

反对果报，至诚感天。

反对灾异谴告。

反对卜筮祭祀。“虽雩祭请求，终无补益”（《明雩》），“夫论解除，解除无益；论祭祀，祭祀无补；论巫祝，巫祝无力。竟在人在不鬼，不德不在祀，明矣哉”（《解除》）。

反对人死为鬼。“物死不为鬼，人死何故独能为鬼”（《论死》），“人死血脉竭，竭而精气灭，灭而形体朽，朽而成灰土，何用为鬼”（《论死》）。

3. 认识论

反对生而知之。“天地之间，含血之类，无性（生）知者”（《实知》）。

强调学用结合，效验。“凡贵通者，贵其能用之也。即徒诵读，读诗讽术，虽千篇以上，鹦鹉能言之类也”（《超奇》）。

4. 历史观

反对崇古（包含着进化思想）。

历史发展决定于“天地历数”，不决定于人君贤愚，反对英雄史观，但陷入机械论，客观上反而替腐败政治服务。“昌必有衰，兴必有废。兴昌非德所能成，然则衰废非德所能败也，昌衰兴废皆天时也”（《治期》）。

5. 命定论和人性论

“有死生寿夭之命，亦有贵贱贫富之命”（《命禄》）。

但他的命定论是为了反对神学目的论，反对天能赏善罚恶。

认为人性分三等，有善有恶，但强调后天环境可以改变人性。

《资治通鉴》

汉文帝

前十二年（168 B. C.）

晁错《论贵粟疏》，其中说商人“因其富厚交通王侯”（自古以来商业资本即与官府勾通）。

前十三年（167 B. C.）

文帝时：“上既躬修玄默，而将相皆旧功臣，少文多质。惩恶亡秦之政，论议务在宽厚，耻言人之过失，化行天下，告讦之俗易。吏安其官，民乐其业。”

（大力提倡农业，这是当时最要之务。）

前十四年（166 B. C.）

匈奴老上单于自甘肃入陕西，帝欲亲征，群臣太后阻之。

冯唐之对。

（可见文帝当时颇有伐匈奴之意。）

张苍与公孙臣关于水德、土德之争。

（此为春秋战国百家争鸣之余绪。）

前十五年（165 B. C.）

公孙臣胜利，张苍由此自绌。

晁错上书言宜削诸侯及法令可更定者，书凡三十篇，上虽不尽听，然奇其材。

新垣平言长安东北有神气，作渭阳五帝庙。

(方士也来挤入政权。)

前十六年 (164 B.C.)

重用新垣平，又“使博士诸生刺六经中作王制，谋议巡狩封禅事”。

分齐为六国 (齐、济北、菑川、胶东、胶西、济南)。

分淮南三国 (淮南、衡山、庐江)。

新垣平言玉杯、日中、宝鼎。

(都是胡说的迷信。)

后元年 (163 B.C.)

有人告新垣平所言皆诈，诛平，“上亦怠于改正、服、鬼神事”。

(儒家的进攻失败。)

后二年 (162 B.C.)

匈奴连年入边，不得已仍与和亲。

申屠嘉为相，屈辱邓通。

后三年 (161 B.C.)

匈奴军臣单于立。

后四年 (160 B.C.)

后五年 (159 B.C.)

后六年 (158 B.C.)

匈奴侵云中。

周亚夫，细柳军。

后七年（157 B.C.）

帝死，以薄葬为言。

汉景帝

前元年（156 B.C.）

与匈奴和亲。

复收民田之半（三十税一），前一时期全免田租。

“文帝除肉刑，外有轻刑之名，内实杀人”。

“张欧亦事帝于太子宫，虽治刑名家，为人长者”。

前二年（155 B.C.）

申屠嘉与晁错矛盾（欲穿垣事杀错，未成）。

梁孝王居天下膏腴地……府库金钱且百巨万，珠玉宝器多于京师……枚乘、严忌、羊胜、公孙诡、邹阳、司马相如皆从之游。

（一个最阔气的王。）

前三年（154 B.C.）

窦婴谏文帝不得以大位让弟。

（看来窦婴不是地方势力，且识大体。）

吴王跋扈，“然其居国以铜、盐故，百姓无赋；卒践更，辄予平贾；岁时存问茂材”。

（依靠商业，拉拢知识分子。）

晁错论削藩，指出：①刘邦封藩，地方势力之大，“齐七十余城，楚四十余城，吴五十余城，封三庶孽，分天下半”。②经济力量强大，“即山铸钱，煮海水为盐”。

窦婴反对削藩，恐引起战乱。

初楚元王好书，与鲁申公、穆生、白生俱受《诗》于浮丘伯，为穆生设醴。

（此为诸侯交结儒士之一证，此楚元王为交，至其孙戊与吴同反。）

七国之乱。

晁错所更令三十章，诸侯喧哗，错父罹祸自杀。

(可见斗争激烈。)

晁错、袁盎矛盾很大，袁盎本为吴相，与吴勾结。

(袁盎无疑是儒者的代表。

晁、袁的斗争，晁失在犹豫，而袁因窦婴而进，又鬼鬼祟祟告密，说斩错可以罢兵，是欺骗手段。

邓公为晁错抱不平之言。)

周亚夫战略：①间道先取洛阳；②不救梁，使梁、吴相持，而以兵扰吴后路；③坚壁不战。

七国败灭。

卫绾是河间王太傅。

窦太后反对为吴王立后。

(可见太后并非地方势力。)

前四年（153 B. C.）

淮南王刘安是和吴王濞勾结的。

前五年（152 B. C.）

仍在和亲。

前六年（151 B. C.）

王夫人因长公主之助排挤栗姬。

前七年（150 B. C.）

废太子荣，太子太傅窦婴谢病免。

立王皇后，立刘彻为太子。

郅都。

(勇悍公廉的代表人物。)

中元年（149 B. C.）

中二年（148 B. C.）

窦太后因临江王之怨杀郅都。

（窦似又与地方势力牵连。）

梁孝王之事颇复杂：

①窦太后是袒梁孝王的，甚至欲立为嗣，而窦婴、袁盎是反对派，梁刺杀袁。

②羊胜、公孙诡助梁孝王，什么立场？

③韩安国捕羊胜、公孙诡，又是什么立场？

（一种理解是窦太后、梁孝王均法家，求嗣失败是法家之败；而窦、袁、韩为儒家，拥刘彻。

一种理解是窦、梁是地方势力，羊胜、公孙诡为儒，此种理解似不妥。）

中三年（147 B. C.）

从栗太子事件中可见周亚夫站在栗太子方面，又反对王夫人之兄封侯，因此逆景帝意免官。

中四年（146 B. C.）

中五年（145 B. C.）

中六年（144 B. C.）

梁孝王死，分梁为五国（梁、济川、济东、山阳、济阴）。

灭笞法，定棰令。

匈奴入边，李广以百骑杀敌数千骑。

宁成继郅都治宗室豪杰。

后元年（143 B. C.）

卫绾为丞相。

景帝对周亚夫不满，因小事入狱死。

后二年（142 B. C.）

匈奴入雁门。

重农抑商。

后三年（141 B. C.）

重农。

景帝死。

武帝立（年十六）。

从刘邦称帝（202B. C.）至武帝即位（140B. C.），其中刘邦 12 年，惠帝 7 年，吕后 8 年，文帝 23 年，景帝 16 年，共 66 年。

当时最大的问题是诸侯王势力，先是异姓王，后是同姓王，当时半个以上中国都在诸侯王控制之下，如刘邦所封荆、楚、代、齐、韩五王占地 246 县，晁错说，刘邦“封三庶孽，分天下半”。中央政令不能达全国。刘邦说：“吾以羽檄征天下兵，未有至者。”刘邦所以迁都长安，就是远避诸侯王，诸王中最骄蹇的如淮南王刘长、梁孝王、吴王濞。

汉初沿六国分裂的余习，国相都忠于诸侯，中央无法控制，如赵相贯高、田叔、孟舒、蒯通自称桀犬吠尧，张胜、范齐为燕王出力。国相不受诸侯控制，从齐相召平开始。

诸侯王和商人勾结，晁错称商人交通王侯，陈豨造反，都商人子；吴王因盐铜致利，军中亦多贾人。

这种商人势力恐和奴隶制残余有关，商业是奴隶制最后一个堡垒，用奴甚多。

所以中央王朝政策就是如何加强中央权力：

一是实关中。徙大姓豪富，发民城长安。

一是重农抑商。政策上有规定，观《通鉴》景帝死后评论。

一是削藩。贾谊、晁错均以为言。

形势和秦王朝相似，继承秦的历史任务，行秦政。

萧何　曹参　张苍

官制　钱法　刑法

儒家是在帮闲地位：

一是在野钻古书。伏生、高堂隆。

一是在朝帮闲。叔孙通、陆贾。

但是他们制造的舆论是有力的，辱骂秦始皇，陆贾、贾山、枚乘。

第一场斗争是 166B. C. 张苍、公孙臣之争，新垣平加入儒家，借助阴阳五行，但结果儒家失败了。

第二场斗争是削藩。

贾谊、晁错的主张。

窦婴、袁盎是反对派、儒家，政治上进攻，勾结地方势力，用阴谋。

晁错失败，但七国之乱平定了。

这场斗争后，儒家钻进中央。卫绾是河间王太傅，崇儒。田蚡与淮南王勾结。

汉武帝

建元元年（140 B. C.）

董仲舒对策，强调仁义礼乐为治道之具，对民教化，更秦之政俗，攻击秦。“师申商之法，行韩非之说”，建议兴太学以行教化，提拔贤士（实即儒家），复古法先王，勿与民争利，“诸不在六艺之科、孔子之术者皆绝其道，勿使并进，邪辟之说灭息，然后统纪可一，法度可明”。

（这是一篇捧孔反秦政的纲领。）

丞相卫绾奏所举贤良或治申、韩、苏、张之言乱国政者请皆罢，奏可。

（一次儒家的进攻。）

窦婴为相，田蚡太尉，荐赵绾、王臧，请立明堂，荐申公，议巡狩、改历、服色事。

（儒者纷纷而来，势如潮涌。）

建元二年（139 B. C.）

淮南王与田蚡勾结，蚡言可继帝位。

（儒与诸侯王交结之证。）

赵绾请毋奏窦太后，窦怒其欲为新垣平，赵绾、王臧自杀，废明堂事，婴、蚡亦免，申公亦免归。

（这是法家的一次反击。）

石奋及其子石建、石庆。

田蚡虽罢，因王太后故，仍有势力。

帝与陈皇后不睦，娶卫夫人。

太皇太后怒帝“新即位，大臣未服，先为明堂”。

时大臣多摧抑诸侯王。

建元三年（138 B. C.）

中山王刘胜借机控诸大臣摧抑。

（地方势力衰微过程中的小插曲。）

大饥，人相食。

（不是说武帝时府库充盈吗？何以有此？）

庄助救东瓯。

（闽越受吴太子驹唆使，攻东瓯，田蚡主张不救，而庄助主救，可看出七国之乱的残影，武帝反对田蚡。）

武帝亦养士（庄助、朱买臣、吾丘寿王、司马相如、东方朔、枚皋）。

“上以俳优畜之，虽数赏赐，终不任以事也。”

（儒者和文学之士还是一个帮闲地位。）

武帝颇调皮，微行，筑上林苑，东方朔、司马相如谏园囿畋猎。

建元四年（137 B. C.）

建元五年（136 B. C.）

置五经博士。

建元六年（135 B. C.）

窦太后死，田蚡为相，骄侈，权移主上，武帝问他封官完了吗？

何不取武库？

（武帝与田蚡矛盾。）

淮南王谏伐闽越（也引秦伐越无功作证）。

（地方势力不愿对外作战，又闽越与地方势力勾结，又先攻南越边城。）

汲黯清静无为。

汲黯刺武帝内多欲而外施仁义。

庄助称赞汲黯，武帝亦称社稷臣。

（庄助先反对田蚡，主伐闽越，又赞汲黯。）

王恢与韩安国争论，王恢反对和亲。

元光元年（134 B.C.）

郡国举孝廉一人，从董仲舒议。

李广治军简，程不识治军严。

举贤良文学。

元光二年（133 B.C.）

李少君以迷信大言，受宠于帝，自此燕齐方士多来。

从谬忌言，长安立太一祠。

（迷信又来了。）

王恢、韩安国再次争论对外政策，王恢主张攻伐，韩主和亲。

（武帝用王恢之议。）

王恢与聂壹以计诱单于，伏兵三十万以待之。王恢以事当斩，贿田蚡，武帝恨之，仍自杀。

（王恢虽死，而对外政策定矣。）

元光三年（132 B.C.）

河决，田蚡谬言是天意，不必治河。

（谬论。）

魏其、武安之争，因王太后意，族灌夫，魏其弃市。

(汲黯、郑当时皆是魏其。)

元光四年（131 B. C.）

田蚡死。

韩安国、薛泽继为相。

河间献王刘德修学好古，征旧书，采礼乐，山东儒者多从之游。淮南王亦好书。

(地方势力与儒结合之一例。)

元光五年（130 B. C.）

河间献王献雅乐，“岁时以备数，不常御也”。

班固、司马光对河间献王大加赞赏。

唐蒙通夜郎。

司马相如通巴蜀。

陈皇后废居长门。

东方朔劾董偃，“陛下方积思于六经，偃不遵经劝学”。

(东方朔亦用儒术。)

张汤、赵禹定律令，务在深文。

公孙弘对策，治之本八。

(似调和儒法之言，辕固讥其曲学阿世。

观此可见儒学要转变得为统治者赏识，虚伪手段。)

“习文法吏事，缘饰以儒术”。

元光六年（129 B. C.）

郑当时作郑国渠。

四将军（卫青、公孙敖、公孙贺、李广）拒匈奴。

李广被俘得脱。

元朔元年（128 B. C.）

立卫夫人为皇后。

匈奴入侵，李广、卫青拒之。

主父偃出身似非儒，言九事，八事为律令，一为谏伐匈奴；又把秦亡说成是由于伐匈奴。

严安亦谏征伐，亦引秦喻。

徐乐言土崩瓦解。

三人上书：①反战言论。②徐乐说，“间者关东五谷数不登，年岁未复，民多贫困”，似又与史言矛盾。

元朔二年（127 B. C.）

赐淮南王几杖，勿朝。

主父偃上推思削藩之策，“于是藩国始分，而子弟毕侯矣”。

（地方割据势力基本上解决。）

从主父偃策，筑朔方城以备胡。

（主父偃的思想复杂，一时反战，一时又力主筑朔方。）

主父偃主张徙郡国豪杰于茂陵。

（强化中央。）

郭解。

公孙弘主张族郭解。

（这也是强化中央、建立封建秩序的措施，班固、荀悦之论有点意思。）

主父偃摧燕、齐，二王自杀，赵王告发之，公孙弘唆帝杀偃。

（主父偃颇如法家：①反对诸侯；②与公孙弘对立。）

孔臧、孔安国。

元朔三年（126 B. C.）

公孙弘反对通西南夷、苍海及筑朔方，武帝使朱买臣难之。

弘改变腔调，“山东鄙人，不知其便若是，愿罢西南夷、苍海而专奉朔方”。

（儒家的对外政策就是主和。）

汲黯劾公孙弘诈，弘承认饰诈欲以钓名。

（巧伪人。）

张骞通西域归（经十三年）。

王太后死。

张汤为廷尉，表面上亦请教董仲舒、公孙弘。

汲黯骂张汤。

元朔四年（125 B. C.）

匈奴入代郡。

元朔五年（124 B. C.）

公孙弘为丞相、平津侯，开东阁延贤人。

公孙弘与吾丘寿王挟弓弩禁令之争。

（公孙弘老是辩论失败，如罢朔方、挟弓弩，汲黯斥其伪，但弘性意忌，外宽内深，排挤董仲舒、汲黯。）

汲黯常毁儒，面触弘。

卫青等十余万人击右贤王，大胜，卫青封大将军，公卿以下皆卑奉之，独汲黯与亢礼，卫青敬礼汲黯，“数请问国家朝廷所疑”，武帝亦敬黯。

公孙弘请设博士弟子五十人，以儒学奖吏，“自此公卿大夫士吏，彬彬多文学之士矣”。

（董仲舒是思想上倡导，公孙弘是实力上扶植。）

淮南王好读书属文，喜立名誉，招致宾客方术之士数千人，多江湖间轻薄士。

（儒与地方势力关系之又一证，其中又与方士结合。）

淮南王阻击匈奴，被削地，自称吾行仁义反见削地，耻之。

元朔六年（123 B. C.）

卫青第二次出定襄征匈奴，赵信降匈奴。

霍去病以军功得冠军侯。

因连年征匈奴，财政困难，诏得输金买爵赎罪。

元狩元年（122 B.C.）

幸雍，祠五畤，获麟。

济北王献泰山，作封禅用。

（汉武渐渐入套了。）

淮南王欲反，伍被反对，但后来伍被被迫随同出谋造反，最后又出首控告，淮南王自杀。

张汤力主杀伍被、庄助（与淮南王交私）。

淮南、衡山之狱，连引列侯二千石豪杰等，死者数万人。

（地方势力全部铲除。）

因张骞言，由蜀欲通身毒，而至滇。

元狩二年（121 B.C.）

公孙弘死。

霍去病以万骑击匈奴，得功，李广失途，以寡兵敌匈奴。

"票骑日以亲贵，比大将军矣"。

江都王建有罪自杀。

匈奴浑邪王降，为五属国，金日磾。

（因迎匈奴降者，费用大。）

元狩三年（120 B.C.）

山东饥，赈之，徙贫民于关西、朔方，70万人，费以亿计。

作昆明池。

（财政上已竭蹶。）

立乐府，用司马相如、李延年，汲黯反对。

（上招延士大夫常如不足，然性广峻，群臣虽素所爱信者，或小有犯法，或欺罔，辄按诛之，所无宽假。汲黯劝之。）

元狩四年（119 B.C.）

造皮币、白金、三铢钱，盗铸钱者诛，用东郭咸阳、孔仅、桑弘羊领盐铁理财。张汤立告缗之法。

“其法大抵出张汤。汤每朝奏事，语国家用，日晏，天子忘食；丞相充位，天下事皆决于汤。百姓骚动，不安其生，咸指怨汤。”

（法家的发舒时期，汉武初年重用的有田蚡、主父偃、公孙弘、张汤。）

卜式输财助边。

卫青、霍去病大举伐匈奴，李广数奇，大战单于遁走。

李广自杀，霍去病之封，封狼居胥。

“大将军青日退，票骑日益贵”，“匈奴未灭何以家为”。

后匈奴远遁，漠南无王庭。

匈奴请和亲，任敞主张臣服之，使于匈奴，为其扣留。

狄山主张和亲，张汤不为愚儒。

（和战的争论尚未停止。）

义纵继宁成、王温舒。

赵禹、张汤以深刻为九卿，其治尚辅法而行。

李少翁（后弄假牛腹书被杀）。

元狩五年（118 B.C.）

李蔡被杀。

更铸五铢钱。

汲黯为淮阳太守，言张汤之奸：“智足以拒谏，诈足以饰非，务巧佞之语，辩数之辞，非肯正为天下言，专阿主意。主意所不欲，因而毁之；主意所欲，因而誉之。好兴事，舞文法，内怀诈以御主心，外挟贼吏以为威重。”

（汲黯何以攻张汤?）

徙奸猾吏民于边。

庄青翟为相。

武帝病，甚信巫医，信“神君”。

元狩六年（117 B. C.）

杨可告缗钱。

（武帝尊卜式，欲豪强在经济上支持中央，“百姓终莫分财佐县官，于是杨可告缗钱纵矣”。）

武帝子：齐王闳、燕王旦、广陵王胥。

吏民盗铸钱数十万人，不发觉者不可胜计，犯者众，吏不能尽诛。

（经济财政上的严重问题。）

遣博士褚大、徐偃等六人分循郡国。

霍去病死。霍光。

颜异反对经济政策，腹诽之罪。

（他的反对主张已说出，指货币，怎是腹诽?）

元鼎元年（116 B. C.）

元鼎二年（115 B. C.）

张汤有罪自杀。

（完全是一场诬陷。①被人诬告和富商串通分财，而身后家产只五百金。②鲁谒居之弟对张汤不满而诬告。③对立者是御史中丞李文、丞相庄青翟以及朱买臣、王朝、边通。④汉武帝后知其冤屈，杀庄青翟和三长史。）

作柏梁台、承露盘，“宫室之修自此日盛”。

赵周为相，石庆御史大夫，孔仅大农令，桑弘羊大农中丞，置均输。

（均输法使富商大贾无所牟利。）

专行三官钱，无法私铸。

张骞通乌孙，本年还国，从此出使西域的人很多。

置酒泉、武威郡，以控制匈奴。

元鼎三年（114 B. C.）

关东郡国十余饥，人相食。

匈奴乌维单于立。

元鼎四年（113 B. C.）

行幸雍，祠王畤，议立后土祠，天子始巡游郡国。

刘胜死。

用栾大，言黄金可成，河决可塞，不死之药可得，仙人可致，封将军，食邑二千户，妻以卫长公主，赐甲第，僮千人。

得大鼎。

赵禹初“无害”（公平），后“酷急”，晚节“宽平”。

兒宽得人心。

招抚南越。

公孙卿言得宝鼎，与黄帝年庚同。

元鼎五年（112 B. C.）

帝巡陇、川、陕。

立太一祠坛。

南越相吕嘉不欲内属，举兵反。

汉兵大举攻越（路博德等），卜式请往前线。武帝奖之，“布告天下，天下莫应。是时列侯以百数，皆莫求从军击越”。汉令列侯献金助祭宗庙，酎金轻者有罪，丞相赵周坐知列侯酎金轻自杀。

（经济领域的斗争很尖锐。）

石庆为相。时国家多事，桑弘羊等致利，王温舒之属峻法，而兒宽等推文学，皆为九卿，更进用事，事不关决于丞相。

栾大不敢入海，其方不售，弃市。

西羌勾匈奴反。

元鼎六年（111 B. C.）

李息等十万人平羌。

路博德、杨仆征南越，降之，置九郡。

公孙卿谩言见仙人迹缑氏城上。

平南夷，夜郎、冉駹皆请臣，置越嶲、沈黎、汶山、武都郡。

杨仆、韩说、王温舒击东越。

置西域四郡。

卜式言官制盐铁器苦恶，价贵，船有算，商少，物贵，忤帝意。

议封禅。

(1. 方士儒生都参加。2. 专采儒家的不行，只好自制礼仪，而泥古儒生反对。3. 兒宽的议论什么意义?)

元封元年 (110 B. C.)

帝自陕北河套出塞巡阅，骄语单于，还祭桥陵。

贬卜式 (因不习文章)，以兒宽代之。

平东越。

东巡嵩山，至海上，"齐人之上疏言神怪奇方者以万数"，遣人入海求仙。

"令侍中儒者皮弁搢绅，射牛行事，封泰山"，改元，又至海边，欲浮海求仙，东方朔谏止，乃至碣石、辽西，巡万八千里。

桑弘羊平准法的效果，"民不益赋而天下用饶"。

卜式请烹弘羊以求雨。

元封二年 (109 B. C.)

公孙卿又胡说见仙人，帝至东莱。

初河决瓠子，二十余年不塞，梁楚受害，帝祠泰山还，临决河，令从者负薪填河，梁楚之地复宁。

作明堂于汶上。

杨仆、荀彘征朝鲜。

滇王降 (设益州郡)。

汉发南方吏卒，费用浩大，"仰给大农，大农以均输、调盐铁助赋"，故能赡之。

杜周为廷尉。"周外宽，内深次骨，其治大放张汤。时诏狱益多，二千石系者，新故相因，不减百余人……" 逮至六七万人，吏所增加十万余人。

元封三年（108 B. C.）

赵破奴破车师。

初作角牴戏。

朝鲜战，围王城，但杨仆、荀彘矛盾，帝遣公孙遂往，遂与彘捉住杨仆，荀并帅二军攻灭朝鲜，设四郡，但荀以争功相嫉乖计，弃市，杨仆赎为庶人。

元封四年（107 B. C.）

巡阅陕北、雁北。

匈奴养精蓄锐，而以和亲之言对付汉。

元封五年（106 B. C.）

帝南巡赣、湘，射蛟长江，北至山东，封太子。

卫青死。

置十三州，设刺史。

令州郡举茂才、异等可为将相及使绝国者。

元封六年（105 B. C.）

巡山西。

郭昌攻昆明。

乌孙公主。

安息通中国。

是时各国使者来汉者甚多，皆厚赏。

兒单于立。

太初元年（104 B. C.）

巡泰山，祠明堂，入海求仙，柏梁灾。

作建章宫，千门万户，太液池，三神山。

公孙卿、壶遂、司马迁言历纪坏废，宜改正朔。兒宽与博士赐等议改秦正，用夏正，造太初历，色尚黄，定宗庙百官之仪，以为典常，垂之后世。

筑受降城。

向大宛求马，命李广利伐大宛。

王温舒自杀，罪王族。

太初二年（103 B. C.）

石庆死，公孙贺为相。时相多罪死，贺不肯任丞相。

李广利中途乏食，返敦煌。

赵破奴攻匈奴，失利覆军。

兒宽卒。

太初三年（102 B. C.）

兒单于死，匈奴又入定襄、云中。

汉初功臣封列侯 143 人，大侯万家，小者五六百户。文景时户口渐多，大者三四万户，小国自倍，富厚如之。子孙骄逸，多抵法禁，陨身失国，至是见侯裁四人。

(汉初功臣后裔之衰微。)

有人主张停伐大宛，专力伐胡。武帝不允，罪言者邓光，发六万人出敦煌，十八万屯边。李广利三万人至大宛，宛人杀其王降。上官桀俘郁成王。

太初四年（101 B. C.）

李广利班师，自是西域震惧，沿途设亭站。

且鞮侯单于立，降服，归汉使之不降者。

天汉元年（100 B. C.）

苏武出使，被拘，徙北海牧羊。

天汉二年（99 B. C.）

巡东海。

李广利出酒泉，攻右贤王，被围，赵充国溃围有功。

李陵率步卒五千人出居延，单于骑三万围陵，败，又召八万骑攻陵，矢尽降。司马迁腐刑。

上以法制御下。

东方盗贼滋起，大群至数千人，攻城邑，取库兵，释死罪，缚辱郡太守、都尉，杀二千石，小群以百数掠卤乡里者不可胜数，道路不通。

（阶级矛盾尖锐。）

镇压很厉害，大郡斩万余，牵连数千人，作沈命法。

暴胜之。

天汉三年（98 B.C.）

杜周为御史大夫。

初榷酒酤（官卖酒）。

至泰山，脩封，祀明堂，方士无效验。

匈奴入雁门。

天汉四年（97 B.C.）

李广利等二十万人出朔方、雁门、五原，与单于战，不利而还。

太始元年（96 B.C.）

公孙敖因妻巫蛊腰斩。

徙郡国豪杰于茂陵。

太始二年（95 B.C.）

杜周死。

白公渠（溉田 45 万亩）。

太始三年（94 B.C.）

幸东海，浮海而归。

昭帝生（母钩弋夫人）。

江充“督察贵戚近臣逾侈者，充举劾无所避”，又劾太子家人行驰道中。

太始四年（93 B.C.）

祀高祖于明堂，以配上帝。

征和元年（92 B.C.）

立赵王昌。

建章宫有男子带剑，逐之弗获，闭城大索。

征和二年（91 B.C.）

公孙贺之狱，家族（因其子擅用北军钱千九百万，与阳石公主通，祝诅帝）。

刘屈氂为相。

卫皇后二女、卫青子皆坐巫蛊诛。

武帝与太子的思想路线不同：

①太子“性仁恕温谨；上嫌其材能少，不类己”。②太子反对征伐；“上曰吾当其劳，以逸遗汝，不亦可乎！”③上用法严，多任深刻吏；太子宽厚，多所平反，虽得百姓心，而用法大臣皆不悦。④群臣宽厚长者皆附太子，而深酷用法者皆毁之。

武帝待太子不薄：①对卫青谈话，以安卫后、太子之意。②行幸时以事付太子。③知小黄门诽谤太子，诛之。④皇后久无宠，尚被礼遇。

当时宫中妇女无知，信巫术，祀木人。帝疑祝诅，杀后宫及大臣数百人，乃令江充治巫蛊狱，死者数万人。又掘太子宫，得木人。乃从石德计，捕斩江充，发兵。刘屈氂逃，帝发三辅兵，太子亦发囚徒，战五日，死数万人，太子兵败。凡官吏稍游移者皆斩，如田仁、任安、暴胜之，太子宾客皆诛，太子东至湖，拒捕自杀。

初上为太子立博望苑，使通宾客，从其所好，故宾客多以异端进者。

（可见太子周围的人很复杂。）

征和三年（90 B. C.）

李广利等 15 万人出击匈奴。

刘屈氂腰斩，事连李广利，李降于匈奴。

田千秋白太子之冤。

征和四年（89 B. C.）

巡东莱，至海，欲求仙。

幸泰山，脩封，祀明堂。

帝追悔往事，以田千秋言，罢方士。

田千秋为丞相。

桑弘羊请在轮台屯田，武帝不欲扰民，批驳之。

赵过为搜粟都尉。

匈奴杀李广利。

后元元年（88 B. C.）

马何罗造反，欲刺帝，金日磾抱持之。

燕王旦依次当立，“旦辩慧博学，其弟广陵王胥有勇力，而皆动作无法度，多过失，故上皆不立”。

武帝欲立弗陵，意使霍光辅政，先杀钩弋夫人。

后元二年（87 B. C.）

武帝死，立昭帝（八岁），以霍光、金日磾、上官桀辅政，桑弘羊为御史大夫。

霍光“出入禁闼二十年，出则奉车，入侍左右，小心谨慎，未尝有过。为人沉静详审”。

金日磾“在上左右，目不忤视者数十年”。

上官桀“始以材力得幸”。

汉武“聪明能断，善用人，行法无所假贷”（杀昭平君事）。

班固赞词说武帝如何尊儒。

司马光骂他有亡秦之失。

霍光辅幼主，“政由己出，天下想闻其风采”。

在位 54 年

武帝初立仅十六岁，制于田蚡，儒家采取正面进攻，董仲舒对策，及赵绾、王臧用事，议立明堂，改历、服、色，事太嚣张，窦太后袒护法家，给予反击，计未得逞。

此后儒采取迂回策略：1. 和阴阳迷信结合。董仲舒、夏侯始昌皆言五行，后来又参与封禅事，而儒学的迷信色彩加重。2. 造伪书（似稍靠后）。3. 以柔媚进，帮闲地位（如公孙弘）。

在重大问题上儒法仍是对立的：i. 对外政策上，田蚡反对援东瓯，淮南王谏伐闽越，韩安国与王恢之争，公孙弘反对筑朔方，狄山主和亲。ii. 地方势力虽是残余，然与儒颇有牵连，如淮南王与田蚡、河间献王。但制礼问题上方士占优势，而儒家靠拢方士。财政问题上，桑弘羊等一套受人责骂。

汉武帝本人是法家，所用汲黯、张汤、赵禹、主父偃、桑弘羊均法家，他的政治措施也只有用法家一套，但阻力不小。经济上，地方势力、富商牵制很大，故用酷吏对付。

戾太子之变是否亦是路线上的冲突？

汉昭帝

始元元年（86 B. C.）

益州夷反，遣吕破胡平之。

燕王旦与齐王泽、中山哀王子长谋反，齐王先谋泄，诛。

隽不疑“严而不残”。

金日䃅死。

始元二年（85 B. C.）

霍光封博陆侯，上官桀安阳侯。

匈奴老单于死，内讧，势衰。

始元三年（84 B. C.）

上官桀因盖长公主而以己孙女（五岁）入宫为倢伃。

始元四年（83 B. C.）

立皇后上官氏。

西南夷反，遣田广明击之。

始元五年（82 B. C.）

有自称卫太子，聚观者数万人，隽不疑饬令收捕，霍光称赞“公卿大臣，当用有经术，明于大义者”。

（观此霍光赞儒，隽不疑应是儒家。）

上官安顽悖。

杜延年劝霍光修文帝时政，示以俭约宽和，顺天心，悦民意。

（像是儒家言。）

始元六年（81 B. C.）

盐铁论之争。

（大争论。）

李陵说苏武，苏武得归。

罢榷酤官，从贤良文学之议也。

“武帝之末，海内虚耗，户口减半，霍光知时务之要，轻徭薄赋，与民休息，至是匈奴和亲，百姓充实，稍复文景之业焉”。

元凤元年（80 B. C.）

武都氐人反，出兵击之。

上官桀、盖长公主为丁外人求官，霍光不许，与光矛盾。燕王旦亦怨望，桑弘羊亦恨光，旦厚赂上官、盖主、弘羊，上书言霍光专权，而昭帝信霍光，不信上官。

桀与盖主谋刺光篡位，杜延年告变，诛孙纵之、桀、安、弘羊、外人，盖主自杀，燕王旦自杀。

（这场政变扑朔迷离，实情如何？）

擢用张安世（张汤子）。

光持刑罚严，延年常辅之以宽。

（杜延年有儒家之风。）

匈奴入侵。

元凤二年（79 B. C.）

匈奴意在和亲。

元凤三年（78 B. C.）

大石自立，枯柳复生，眭弘上书，当有匹庶为天子，请帝禅位贤者。坐妖言惑众诛。

（可见儒家向谶纬发展。）

匈奴入张掖、酒泉，击退。

桑迁之牵连。

（i. 桑弘羊子亦通“经术”。ii. 霍光的斩尽杀绝，“议者知大将军指，皆执吴为不道”。iii. 田千秋在盐铁争论时模棱两可，霍光也要搞掉他。iv. 杜延年手腕厉害，不为已甚。）

乌桓渐强，与匈奴战，霍光遣范明友乘机击败乌桓。

元凤四年（77 B. C.）

田千秋死（伴食宰相）。

傅介子使西域，在龟兹斩匈奴使者，又刺杀楼兰王，更名其国鄯善，在此设屯田兵四十人。

元凤五年（76 B. C.）

元凤六年（75 B. C.）

募郡国徒，筑辽东、玄菟城。

范明友击乌桓。

杨敞为相。

元平元年（74 B.C.）

诏减口赋钱什三。

帝死，年 23，霍光恐立广陵王，不安（燕王旦亲弟），乃立昌邑王。

昌邑王狂纵，好游猎，王吉谏之，龚遂谏之。

（王吉、龚遂皆儒家言，但看来昌邑王尚能纳谏。）

昌邑王淫戏无度，龚遂谏，张敞谏。

田延年劝霍光废立，并与张安世谋。昌邑出游，夏侯胜谏，以《鸿范传》的预言吓霍光，“光、安世大惊，以此益重经术士”。

（儒生以古书吓唬霍光。）

废立事由霍光、田延年、张安世策动，杨敞胆小。由太后（20 岁耳）出令闭宫门，弗纳昌邑，下诏数其罪（略女子、不封玺、好乐、淫乱、滥赏赐、私祭父、下发 1 127 事，与博士议，引《春秋》之义），废之。昌邑尚能以《孝经》答复，并不糊涂。昌邑臣 200 人被诛，王吉、龚遂免死。

（这场废立把戏是滑稽的，昌邑并无大罪，而且时间很短（27 天）。霍光抓权不放，先不肯立广陵王，以后又见昌邑年长而且带了自己的班子来当皇帝，先发制人，擅行废立。这场政变中，儒家学说已经是重要根据，夏侯胜以《书经》吓霍光，政变后升官，太后引《春秋》之义行废立，昌邑师王式以《诗》三百五篇免死，儒家学说在政治上已是重要的依据。）

田延年是个什么家？

丙吉救皇曾孙。

张贺、张安世兄弟对皇曾孙的看法不同，贺欲妻以女，安世反对。

皇曾孙受《诗》于东海澓中翁，高材好学，然亦善游侠，斗鸡走狗，以是具知闾里奸邪，吏治得失。

（宣帝为人。）

“师受《诗》、《论语》、《孝经》”。

宣帝得立的条件之一是“通经术”，杜延年亦劝光立宣帝。

（武帝、宣帝都懂得儒家一套。）

严延年劾霍光擅废立，蔡义为相。

宣帝不愿立霍光女为后，而立许后。霍光怕许氏当权，借口许子汉刑余不宜君国。

汉宣帝

本始元年（73 B. C.）

霍光稽首归政，帝不受，诸事皆先关白光。其子侄禹、云山皆高官，“党亲连体，根据于朝廷”。上虚己敛客，礼下之已甚。

光诛上官后，“遂遵武帝制度，以刑罚痛绳群下，由是俗吏皆尚严酷”。

宣帝用黄霸。

（黄是什么家?）

本始二年（72 B. C.）

田延年有罪自杀。

（看得出来是霍光、杜延年逼迫的，恐其始建废立之议。）

议武帝庙乐，夏侯胜跳出来大肆谤毁武帝，“武帝虽有攘四夷广土境之功，然多杀士众，竭民财力，奢泰无度，天下虚耗，百姓流离，物故者半，蝗虫大起，赤地数千里，或人民相食，畜积至今未复，无德泽于民，不宜为立庙乐”。胜下狱，黄霸亦以阿纵下狱，霸从胜受《尚书》。

（儒家猖狂了，敢谤武帝，但得罪并不大，回潮之迹显然。）

常惠使乌孙，乌孙求与汉夹击匈奴，乃遣田广明、范明友、赵充国十六万人出征。

本始三年（71 B. C.）

显与淳于衍勾结，毒死许皇后。

五将军攻匈奴，无功而返，田广明、田顺不力进，有罪，自杀。常惠与乌孙军有功。

常惠攻龟兹。

蔡义死，韦贤相。

匈奴为乌桓、丁零、乌孙所攻，势大衰，人民死。

赵广汉为京兆尹，发奸擿伏如神，自汉兴，治京兆者莫能及。

（法家风度。）

本始四年（70 B.C.）

立霍光女为后（奢侈）。

地震，令百姓与博问明经之士，有以应变。

（采儒家言。）

夏侯胜、黄霸得释。

（上亲信之，年九十死，太后赐钱二百万，为胜素服五日，以报师傅之恩，儒者以为荣。）

地节元年（69 B.C.）

楚王延寿唆广陵王胥窥伺帝位，延寿自杀。

于定国廷尉，罪疑从轻。

地节二年（68 B.C.）

霍光病死，治丧甚厚。

魏相奏以张安世为大将军。

时霍禹为右将军，霍山为乐平侯，显通籍长信宫，魏相因许广汉奏其骄奢放纵，宜损夺其权。

魏相请去副封（归权于帝也）。

宣帝亲政，励精图治，五日一听事，有功者赏，特别注意吏治。

（法家作风。）

匈奴意在和亲，但仍扰边。

地节三年（67 B.C.）

立刘奭太子，丙吉、疏广为傅，封霍云冠阳侯。

霍显怒立太子，谋毒死之。

魏相为相，丙吉御史大夫，韦贤休致。

萧望之言雨雹是一姓专权所致。

（宣帝和霍氏矛盾很厉害。）

时博延贤俊，民多上书。

霍氏奢华，“帝自在民间，闻知霍氏尊盛日久，内不能善”。

（魏相与霍氏矛盾。）

帝派霍婿范明友、任胜、张朔、王汉、邓广汉外任（剪其支叶），令张安世为卫将军，京城兵尽属之。

（张安世什么态度？）

路温舒上书论尚德缓刑，“秦有十失，其一尚存，治狱之吏是也”。

（用人性论作工具，来一次反攻。）

帝从路温舒，设廷尉平，并亲至宣室决狱，但郑昌不以为是，主张删改法律。

（地主阶级感到法律的束缚。）

车师。

地节四年（66 B.C.）

子匿父母，妻匿夫，孙匿大父母者，皆勿治。

霍氏权力日削，相对泣怨，骂魏相变易法令，“诸儒生多窭人子，大将军常仇之，今陛下好与诸儒生议”。

（这样一来霍光的面目不清楚了，是尊儒呢？还是反儒呢？）

因毒死许皇后事，霍氏恐惧欲反，张敞上书请罢霍氏三侯不久，霍云、霍山、范明友自杀，霍禹腰斩，连坐诛灭数十家，杜延年亦以霍氏旧人免官，废霍后。

（班固、司马光评论，班认为霍光不学无术，坏在其妻；光以为霍太专权，而宣帝亦少恩。）

减盐价。

龚遂治渤海。

元康元年（65 B.C.）

初作杜陵，徙訾百万者。

赵广汉与魏相矛盾（赵疑丞相夫人杀婢），腰斩。

选博士、谏大夫通政事者补郡国守相。
尹翁归公廉明察。
冯奉世来莎车，威震西域。

元康二年（64 B. C.）
立王皇后。
诏戒持法不公，擅兴徭役，毋出今年租赋。
匈奴攻车师，上与赵充国议增兵，魏相反对。上从之，弃车师。
（魏相似为儒家，引孔子言。）
魏相采贾、晁、董之言施行。
（到底是哪一家？）
萧望之经明持重，议论有余。
（昌邑王是白痴？）

元康三年（63 B. C.）
宣帝封张贺侄（安世子）及丙吉、许、曾等以报恩。
张安世谨慎周密。
疏广、疏受气病归（成帝在二疏陶冶下，年十二通《论语》、《孝经》）。
黄霸务耕桑，节用殖财，力行教化，不逐年老长吏。
（黄霸儒者之治乎？）

元康四年（62 B. C.）
年 80 以上非诬告杀伤人勿坐。
高祖功臣失侯者 136 人赐金。
张安世死。
韦玄成谦让高节。
西羌反。

神爵元年（61 B. C.）
上颇修武帝故事，谨斋祀之礼，以方士言增置神祠。王褒使蜀求金马碧鸡，《圣主得贤臣颂》（谏上求神仙）。

张敞上书（敞为京兆尹，方略耳目不及广汉，然颇以经术儒雅文之）。

王吉亦以儒家之言进，建议“与公卿大臣延及儒生，述旧礼，明王制”，“尚公主逆阴阳之位”，“上下服制僭差”，“不任世卿”，“除任子之令”。

（儒家味浓厚，“上以其言为迂阔，不甚宠异也”。）

羌败义渠安国，赵充国已七十，出征，攻羌策之商讨。充国主先攻先零，廷议欲先攻罕、幵，又遣许延寿、章武贤与充国合击。充国力阻廷议，请屯田，不用征伐而羌可自降。

神爵二年（60 B. C.）

羌果降，置金城属国以处羌。

盖宽饶刚直公清，数干犯上意。时上方用刑法，盖奏：“方今圣道浸微，儒术不行，以刑余为周、召，以法律为《诗》、《书》。”上以为怨谤，吏议盖宽饶大逆不道。郑昌讼其冤，盖自刭。

（又一次进攻。）

匈奴内争，日逐王降汉。

郑吉威震西域，始立都护。

乌孙。

神爵三年（59 B. C.）

魏相死，丙吉相，尚宽大，好礼让，不亲小事，萧望之御大夫。

官吏加俸。

韩延寿治颍川，“上礼义，好古教化”。

（儒家。）

神爵四年（58 B. C.）

黄霸治颍川八年，郡大治，“百姓乡化，孝子弟弟贞妇顺孙，日以众多”。

严延年治河南，阴鸷酷烈，号曰屠伯，得罪语言怨望、诽谤政治，弃市。

（这两个对比，吏治尚宽，地主对严格刑法感到不便，用人性论作武器。）

呼韩邪单于立，其国内乱。

五凤元年（57 B.C.）

匈奴五单于分立：呼韩邪、屠耆、呼揭、车犁、乌藉。汉议者欲趁其分立出兵，萧望之反对，引《春秋》之义，主张吊丧。上从之。

（萧望之的儒家味，反对出兵。）

萧望之与韩延寿矛盾相攻，韩以奢侈逾制弃市，人民念之。

（此一矛盾是儒与儒的争权？）

五凤二年（56 B.C.）

每年正月均幸甘泉，郊泰畤。

萧望之与丙吉亦矛盾，“礼节倨慢”，萧降贬。

时匈奴仍战乱不已。

杨恽袒韩延寿，又因怨望妖言，贬为庶人。

五凤三年（55 B.C.）

丙吉死，黄霸相。

张敞奏劾黄霸为相，群臣“归舍法令，各为私教，务相增加，浇淳散朴，并行伪貌，有名亡实，倾摇解怠，甚者为妖……以伪先天下……（汉家）造起律令，所以劝善禁奸……条贯详备，不可复加”，主张“郡事皆以法令为检式，毋得擅为条教；敢挟诈伪以奸名誉者，必先受戮”。天子嘉纳。

（张敞似法家。）

五凤四年（54 B.C.）

广陵王胥因祝诅上，自杀。

耿寿昌立常平仓。

（耿寿昌似法家。）

杨恽报孙会宗书，帝见书而恶之，腰斩。

（司马光评赵、盖、韩、杨之死，皆不厌众心。）

甘露元年（53 B.C.）

张敞五日京兆。

太子请帝用儒生，宣帝答复。

（此段典型说明宣帝的态度。）

上欲淮阳宪王。

呼韩邪单于决策降汉。

乌孙，冯夫人。

甘露二年（52 B.C.）

杜延年免，于定国为御史大夫。

赵充国死。

呼韩邪款五原塞，萧望之主张不待以臣礼，以羁縻之。

甘露三年（51 B.C.）

呼韩邪入朝，赏赐甚厚，以兵卫送单于出塞，自是西域咸尊汉。

麒麟阁题名：霍氏（不名）、张安世、韩增、赵充国、魏相、丙吉、杜延年、刘德、梁丘贺、萧望之、苏武，十一人。

黄霸死，于定国为相，陈万年御史大夫。

诏诸儒讲五经同异，萧望之等平奏其议，上亲称制临决，乃立梁丘《易》、大小夏侯《尚书》、《穀梁春秋》博士。

（这是儒家的一次大胜利，地位已稳定了。）

乌孙公主返国，冯夫人出使。

甘露四年（50 B.C.）

呼韩邪、郅支俱遣使朝汉。

黄龙元年（49 B.C.）

呼韩邪来朝。

郅支单于西走，常攻乌孙。

帝死，令史高、萧望之、周堪辅政。

（班固的赞说明汉室是儒法并用。）

昭帝 14 年　宣帝 26 年

汉武死后，儒家力量仍是强大的，一方面他们帮闲百年，积累了一点政治资本；另一方面在文化思想方面占优势，特别是垄断着教育。

霍光“不学无术”，但政治上沿袭武帝，恶儒生，可是经常被儒生的经训古义吓倒，如隽不疑断伪太子（82 B. C.），废立时夏侯胜之言。

盐铁论之争，法家尚能旗鼓相当地进行论战，但第二年桑弘羊牵连在谋反案里被杀（显然这是霍光的主意，霍光是不注意意识形态方面的，但对武帝的对外经济政策不满，颇有所改变，如匈奴和亲，罢榷酤，轻徭赋，听杜延年的话），从此法家没有什么像样的人物了。

儒家的进攻很猖狂，夏侯胜攻击汉武，但得罪很轻，后来反而得到荣遇，这是一种鼓励。

但宣帝有法家作风（68 B. C.）。

路温舒尚德缓刑，郑昌主修改法律，用地主阶级人性论做武器（67B. C.）。

王吉上书，又是一次进攻，但帝不用（61 B. C.）。

盖宽饶又一次上书（60 B. C.）。

问题集中在德刑之争、礼治法治，地主阶级感到法律对自己的束缚。

当时循吏、酷吏问题，是这一斗争的基础和反映。

但汉宣是王霸杂用，自己学过儒家的一套（入承大位的一个条件），让儿子学儒家一套，他重用的魏相、丙吉也是儒法并用，不愿意让儒家独占天下。

张敞的反击（以伪攻击循吏（55B. C.）），耿寿昌常平仓争议（54B. C.），这是退兵一战，胜利，但无能挽大局（张本人也以经术自饰）。

宣帝死前三年，石渠阁平议，立博士，说明儒的地位更巩固了。

汉元帝

初元元年（48 B. C.）

立王皇后。

以田苑给民，赈贷，省膳，减乐，省马。

关东饥，人相食，赈之。

（政治上儒的虚伪手法。）

征王吉、贡禹。

（用人上儒的一套。贡禹所讲的无非是节俭。）

置戊己校尉，屯田车师。

初元二年（47 B. C.）

行幸甘泉，郊泰畤。

望之名儒，选拔刘向，“劝导上以古制……上甚乡纳之”。

弘恭、石显久典枢机，明习文法。

三个集团矛盾：官僚士大夫（萧望之、刘向、周堪），外戚（史高、许），宦官（弘恭、石显）。萧望之下狱，贬官。

罢狗马，以囿池借与民，举茂材、异等。

立太子，萧望之反对，以张敞教太子。

（争夺接班人很注意。）

关东饥，齐地人相食。

弘、石阻萧望之进用，刘向使外亲上书，被发觉下狱，又牵连望之下狱。萧自杀，天子大惊，却食涕泣。

弘恭死。

珠崖反，贾捐之反对，认为古代圣王地方很小，攻击秦皇、汉武用兵黩武，主张弃珠崖。

（对法家对外政策进行清算，当时有争议。）

初元三年（46 B. C.）

以关东饥困为理由，罢珠崖郡。

贡禹上言罢宫卫。

初元四年（45 B. C.）

初元五年（44 B. C.）

封周朝之后裔承休侯。

行幸雍，祠五畤。

用贡禹言，减膳，减马，罢角抵，罢齐三服官、北假田官、盐铁官、常平仓，博士弟子不置员，以广学者。

（节约的理由是假的，所改变都是法家经济政策，而博士弟子反而没有限额了，武帝时 50 人，昭帝时 100 人，宣帝末 200，元帝时无限，后因用度不足，设员千人。）

令民有通一经者皆复。

（奖读经。）

郅支杀汉使，西走与康居结合，攻略乌孙。

贡禹死。

永光元年（43 B. C.）

薛广德的直谏，甚为无聊（不让元帝坐船）。

天下大饥。

帝为太子时从孔霸受《尚书》。

刘向上书，完全是一套崇儒反法言论，请元帝提拔儒家，信用士大夫（其矛头似指向外戚宦官）。

杨兴、诸葛丰皆谤周堪、张猛、刘向。

贾捐之、杨兴阳颂石显，而背地里不满，取而代之。石显控告，捐之弃市。

（儒者惯技。）

呼韩邪北归王庭。

永光二年（42 B. C.）

韦玄成为相，郑弘御史大夫。

匡衡上疏力言改变风俗的重要，特别要改变首都风俗，崇礼。

（从根本上兴儒。）

羌反，上问玄成，玄成等默然，莫有对者。

冯奉世自愿出征，求六万兵，饭桶大臣只给一万，后加二千。打败仗，冯上书，只得发六万人，大胜。

（可见儒家无用。）

永光三年（41 B. C.）

冯奉世回京。

复盐铁官，置博士弟子员千人（因用度不足故也）。

永光四年（40 B. C.）

诏用周堪、王猛。堪不久死，猛自杀。

用贡禹言，庙祭悉依古礼，诸陵不徙郡国民。

永光五年（39 B. C.）

上好儒术、文辞，颇改宣帝之政，言事者多进见。

匡衡上书。"议者……争言制度不可用也，务变更之，所更或不可行而复复之，是以群下更相是非，吏民无所信。"

（连匡衡也觉得改变太凶了。）

河决清河。

建昭元年（38 B. C.）

冯倢伃当熊而立。

建昭二年（37 B. C.）

京房学焦氏《易》，善言灾变，元帝信用之，使京房奏考功课吏法。大家以为房言烦碎不可行。

京房与石显集团矛盾，其言"水旱蝗虫，民人饥疫，盗贼不禁，刑人满市"。

（儒家依靠迷信。）

京房因与石显矛盾，贬任魏郡太守，又奏京房与张博通，诽谤，弃市。石显权盛，与勾结者牢梁、五鹿充宗。

建昭三年（36 B.C.）

韦玄成死，匡衡相，李延寿御史大夫。

时郅支在康居，甚暴虐，又辱使乌孙、大宛。陈汤矫诏发兵四万，直抵单于城下，大破之，斩郅支。

建昭四年（35 B.C.）

甘延寿上汤献郅支首，上书。

建昭五年（34 B.C.）

复诸庙祭。

竟宁元年（33 B.C.）

王昭君和亲，嫁呼韩邪，请罢边戍。侯应上书言罢戍十不可。

石显荐冯逡，逡不附之，乃贬逡弟冯野王。

召信臣治绩第一。

石显、匡衡以甘延寿、陈汤矫制出兵，不欲封之，刘向力言应封赏，封甘延寿义成侯，陈汤关内侯，石、匡犹力扼之。

成帝"少好经书，宽博谨慎，其后饮酒，乐燕乐"。

（儒家倾向。）

帝以太子无能，欲立山阳王康，史丹谏止。

帝死。

（班彪评元帝："征用儒生，委之以政，贡、薛、韦、匡迭为宰相，而上牵制文义，优游不断，孝宣之业衰焉。"）

成帝即位，元舅王凤为大司马、大将军、领尚书事。

匡衡上书"言六经统天地之心，《论语》、《孝经》为言行之要，宜究其意"。

（一开始就以儒家经义包围皇帝。）

汉成帝（在位 26 年，20 岁即位，45 岁死）

建始元年（32 B. C.）

石显失权贬归，牢梁、五鹿充宗皆贬。

封王氏诸舅：王崇、王谭、王商、王立、王根、王逢。

杨兴上书：黄雾四塞，阴盛阳衰，请斥王氏。不许。

薛宣上书，言多苛政。

建始二年（31 B. C.）

罢雍、五畤及陈宝祠（均为秦祭祀之典，匡衡奏罢之）。

始郊祀长安南郊，始祠后土北郊。

立皇后许氏。

选良家女以备后宫。

呼韩邪死，复株累若鞮单于立。

建始三年（30 B. C.）

关内大雨，百姓奔走，长安大乱。

杜钦、谷求言女宠太盛。

匡衡免为庶人。

建始四年（29 B. C.）

王商为相。

白虎殿对策，谷永上书说，现在一无外患，二无割据，三无权臣，无戒女色。（谄王凤也）。

冯逡先请浚河，博士许商行视，以用度不足而罢，至是河决馆陶、东郡，淹及四郡三十二县，地十五万顷，深者三丈，房四万。

（儒者无能。）

南山群盗傰宗数百人，发兵千人，岁余不能擒。

（阶级矛盾。）

陈汤下狱论死，谷求为辩护，出。陈汤言乌孙事有验，重用之。

河平元年（28 B. C.）

用王延世治河，三十六日塞决口。

日食，时许后专宠，刘向上书言恐妨继嗣。当时都以无嗣为言，而时成帝二十余岁耳。

诏曰，今大辟之刑千有余条，律令烦多，百有余万言。

（要大规模修改法律。）

河平二年（27 B. C.）

五舅王氏尽封侯（谭、商、立、根、逢时）。

王尊被劾，三老讼其冤。

陈立以计杀夜郎王兴，平西夷。

河平三年（26 B. C.）

使谒者陈农求遗书，刘向等校书。

（大规模的复古作伪。）

刘向作《洪范五行传论》，皆言符瑞灾异，以反对王氏专权。

（迷信。）

河决平原，所坏半建始时，复令王延世治河。

河平四年（25 B. C.）

赦天下徒。

王凤与王商矛盾，欲罪商，商病死。

上为太子时受《论语》于张禹，至是以禹为相。

罽宾使人贡，杜钦劝绝之。

阳朔元年（24 B. C.）

成帝无权，连封刘歆一个小官也被阻。

成帝与弟定陶王甚相亲，成帝病，王留京，王凤因日食言宜遣归国，成帝不得已涕泣遣之。王章乃言日食由于王凤专权，历数王凤排挤王商（宣帝外族），将张美人纳后宫。而成帝犹豫不决，王凤辄捕王章，死狱中。

阳朔二年（23 B. C.）

王音为御史大夫。

王氏极盛，亦好士养贤，宾客满门。

（所重用的杜钦亦儒者。）

刘向劾王氏。

阳朔三年（22 B. C.）

颍川铁官徒申屠圣 180 人起义，历九郡。

（阶级斗争。）

王凤死，荐王音自代，王音与王谭矛盾。

阳朔四年（21 B. C.）

鸿嘉元年（20 B. C.）

上始为微行。

薛宣为相，王骏御史大夫。

鸿嘉二年（19 B. C.）

博士行大射礼，有雉来庭，成帝说是有人故意抓来的，王音劝其谋于贤智，克己复礼，以求天意，继嗣可立。

（迷信、儒术、政治三结合。）

营作初陵，徙郡国豪杰赀五百万以上五千户。

鸿嘉三年（18 B. C.）

五侯奢侈，帝怒，吓之，但未罪诛。

幸赵飞燕及其女弟，淖方成唾为祸水。

（儒家思想作怪。）

郑躬起义。

（阶级斗争。）

鸿嘉四年（17 B. C.）

河决，淹 31 县，房 4 万。用李寻言，不塞。

郑躬起义扩大与失败。

永始元年（16 B. C.）

欲封赵飞燕为后，刘辅上书得罪。

王莽“折节为恭俭，勤身博学，被服如儒生……外交英俊，内事诸父曲有礼意”。王凤先荐之，王商与百官亦称其贤，乃封新都侯。“爵位益尊，节操愈谦，散舆马衣裘振施宾客……私买侍婢，为众闻知，转赠朱博。其匿情如此”。

（王莽①孔子信徒，②虚伪。）

飞燕封后，昭仪得宠，奢侈淫乱，然无子。

刘向作《烈女传》。

刘向谏营作昌陵，倡薄葬，攻秦始皇（取土东山，与谷同贾）。罢昌陵。

永始二年（15 B. C.）

王音死。

以王商为大司马。

谷永上书，以日食星陨言奸人、女祸、奢侈、陵墓，直斥成帝。

成帝大怒，而谷永则持太后与王氏援，故敢言。

帝长夜之饮，喜与张放游，太后与王氏出张放。

翟方进相，孔光御史大夫。

（翟以经术进，其为吏用法深刻，好任势立威。孔为褒成君霸少子，守法度，修故事，上有所问，据经法以心所安对，不强谏，以是久而安。）

王商恶陈汤，免为庶人。

永始三年（14 B. C.）

用匡衡议，罢甘泉泰畤，因无嗣，又复甘泉泰畤、汾明后土及雍五畤、陈宝祠。时上好鬼神方术，谷永上书辟迷信方士。

樊并起义。

苏令起义。

（阶级斗争。）

梅福上书，以对付人民起义为言，建议求士纳贤，屏斥外戚。

永始四年（13 B. C. ）

梁王之狱。

元延元年（12 B. C. ）

因灾异，谷永上书：正君臣之义，勤三纲之严。

刘向上书。

王商死，弟王立辅政，因王立占垦草田，不用，而用王根。

张禹“为天子师，国家每有大政，必与定议”。

（儒者得志。）

朱云折槛，劾张禹为佞臣（因其附阿王氏）。

上厌游乐，复修经书之业。

元延二年（11 B. C. ）

段会宗以精兵入乌孙。

羁縻康居。

元延三年（10 B. C. ）

山崩水竭，刘向言汉必亡。

大出猎。

元延四年（9 B. C. ）

定陶王欣“诵《诗》，通习，能说”，帝器重，赵飞燕、昭仪、王根皆附和赞美。

谷永所上四十余事，略相反复，专攻上身与后宫而已，党于王氏。

（谷永的真面目。）

绥和元年（8 B. C. ）

立定陶王为太子。

把孔子作为殷后裔，封孔吉为殷绍嘉侯，与周承休侯进爵为公，地各百里。

设三公，王根为大司马，何武大司空。

淳于长之败，许后自杀，王立外遣。

翟方进"智能有余，兼通文法吏事，以儒雅缘饰，号为通明相"，"又善求人主微指，奏事无不当意"。

（善拍马屁。）

王莽首发淳于长，得为大司马（时年 38）。

（权力斗争中取胜。）

王莽之伪，其妻衣不曳地，布蔽膝，见之者以为僮使，问知其夫人。其饰名如此。

罢刺史，置州牧。

刘向请兴辟雍，设庠序，陈礼乐……以风化天下，说礼为本，法为助。

有人言孔子布衣养徒三千人，今天子太学弟子少，于是增弟子员三千人。

岁余复如故。

（意识形态大规模回潮。）

绥和二年（7 B. C. ）

翟方进死（实自杀，时大灾异，成帝逼自杀以应灾异）。

成帝死，责赵昭仪，赵自杀。

（成帝亦孔学熏陶的，不内顾，不疾言，不亲指（《论语・乡党》），而好色好酒如此。）

哀帝初立，躬行俭约，省减诸用，政事由己出，孔光为相。

帝母傅太后也是个权谋家。

改革音乐，放郑声，罢省过半，然豪富湛沔自若。

王莽荐刘歆，歆上《七略》。

（大规模作伪书。）

师丹建议限田30顷，奴婢30人。贵戚近习皆不便，诏书缓行。

王莽与傅太后矛盾，王莽不退，进用傅喜，“好学问，有志行”。

罢斥王根。

贾让治河策，以疏导为上策，开河灌溉分水势为中策，筑堤为下策。

师丹为大司空。

耿育为陈汤讼冤。

汉哀帝

建平元年（6 B.C.）

赵昭仪怎样谋杀内宫所生婴儿被揭出，赵氏尽免官，耿育竟建议勿穷究其事，赵飞燕深结天子，故置而不论。

傅喜为大司马。

争论定陶皇太后的称号，师丹失上意。

师丹同意废止货币，以龟贝为钱，又以泄密，师丹罢大司空。

师丹“经行无比”，“经为世儒宗”。

时孔光相，傅喜大司马，又用朱博大司空。

建平二年（5 B.C.）

傅喜罢，因不同意给傅太后上尊号。

改了三公官号，下面的官制未改，很不便，又改回来。又州牧改回来复为刺史。

（儒家复古之事难行。）

孔光亦因议尊号事罢官，朱博为相，赵玄御史大夫。

上傅太后尊号。

（此事成为即位二年来的大事。）

成帝时齐人甘忠可造《太平经》12卷，言汉当更命，为刘向奏劾，下狱死。其徒夏贺良仍习《太平经》，请改元易号（时哀帝病）。

称“陈圣刘太平皇帝”，哀帝改号一二个月，病加重，贺良以反道惑众死。

帝多病，信神，兴神祠 700 所，1 岁 37 000 祠。

朱博承傅太后旨，欲害傅喜，帝察觉，朱博自杀，平当为相，王嘉御史大夫。

建平三年（4 B. C.）

平当死，王嘉相，王崇御史大夫。

王嘉言奖励人才。

息夫躬讦告东平王谋逆。

建平四年（3 B. C.）

民间传西王母付筹。

董贤得宠于上，断袖而起。

王嘉谏止封董贤侯爵。

上硬封董贤、孙宠、息夫躬为侯爵，骂王嘉等。

上以武库兵赐董贤，毋将隆谏，得罪贬官。

鲍宣上书，民有七亡七死，奏劾外戚、董贤。上以宣名儒，优容之。

单于求朝，不许，扬雄谏，乃许之。

上用息夫躬谋，欲对匈奴用诈，并遣大将军行边。

元寿元年（2 B. C.）

王嘉上封事，劾董贤骄侈。

杜邺对策，言外戚势大。

征孔光、王莽。

王莽杀子（因子杀死奴隶）。

傅太后死。

上免孙宠、息夫躬官。

王嘉又阻止董贤封官，上大怒，王嘉下狱死，孔光相，何武御史大夫。

董贤封大司马，位在三公，时年 22，孔光谄礼董贤。

哀帝甚至戏言禅位于董贤。

元寿二年（1 B.C.）

单于、乌孙王等西域各国来朝。

又恢复三公：大司马（董贤）、大司徒（孔光）、大司空（彭宣）。

帝死，太皇太后起用王莽，董贤自杀，莽为大司马。

立中山箕子为帝，贬丁、傅二氏。

孔光附王莽，王莽奏罢何武、公孙禄，莽大规模清除异己。

王莽“色厉而言方，欲有所为，微见风采，党与承其指意而显奏之。莽稽首涕泣，固推让，上以惑太后，下用示信于众庶焉”。

废赵飞燕和哀帝后为庶人，皆自杀。

汉平帝（9岁立）

元始元年（1）

王莽令蛮夷自称越裳氏，重译献白雉黑雉。

封王莽安汉公、太傅，孔光为太师，王舜为太保，大封百官。

政事皆由莽决定。

平帝母留中山，不得至京。

申屠刚请迎帝母，罢归。

封褒成君孔霸曾孙均为褒成侯，奉孔子祀。

元始二年（2）

董支国献犀牛。

孔光等奉王莽功德比周公。

孙宝谏言，罢官。

封汉兴功臣之后为列侯及关内侯 117 人。

大旱，蝗，莽献钱百万，田 30 顷。

王昭君女入侍太后。

处置西域、匈奴失策。

以莽女为后。

元始三年（3）

莽定车服制度，郡国县邑乡聚皆置学官。

莽杀长子。其子不同意隔绝卫后，用计让后来京，被发现，杀子及吴章，株连元帝妹，莽叔王立及王仁皆迫令自杀，卫氏全死，只余卫后一人。

元始四年（4）

改革奴女并老幼，无得坐系。

王恽等八人分行天下，览观风俗。

吏民八千人上书请益封莽。

莽虽专权，然所以诳耀媚事太后，下至旁侧长御，方故万端，赂遗以千万数，白尊太后姊妹号皆为君，食汤沐邑，以故左右日夜共誉莽。

莽奏起明堂、辟雍、灵台，为学者筑舍万区……网罗天下异能之士，前后至者千数……将令正乖谬，壹异说云。

（尊孔。）

令西羌献地。

禾不种自生，茧不蚕自成，甘露从天下，醴泉自地出，凤皇来仪，神爵降集。

（吹牛。）

元始五年（5）

祫祭明堂。

孔光死。

48 万人上书请封王莽。

加九锡。

有人上书请莽行天子事。

毒死平帝（因帝渐长，不满王莽对卫后）。

掘石，有安汉公为皇帝，乃由莽摄皇帝。

王莽

居摄（6—8）

《史记》

(汉高祖、文帝、武帝及书、世家、列传杂采)

卷8　高祖本纪

闻豨将皆故贾人也。

卷10　孝文本纪

高帝封王子弟，地犬牙相制，此所谓磐石之宗也。

诸侯王及列侯，子孙继嗣，世世弗绝，天下之大义也。

淮南王刘长，废先帝法，居处毋度，出入拟于天子，擅为法令。

卷12　孝武本纪

赵绾、王臧等以文学为公卿。

武帝议封禅，颇采儒术以文之，群儒既以不能辩明封禅事，又牵拘于诗书古文而不敢骋。上为封祠器示群儒，群儒或曰不与古同，徐偃又曰太常诸生行礼不如鲁善，周霸属图封事。于是上绌偃、霸，尽罢诸儒弗用。

卷17　汉兴以来诸侯王年表

高祖子弟同姓为王者九国（齐、楚、淮南、燕、赵、梁代、淮阳），唯独长沙异姓……大者或五六郡，连城数十，置百官宫观，僭于天子。……汉独有……十五郡。

汉武推恩分封后，诸侯稍微，大国不过十余城，小侯不过数千里。

卷 19　惠景间侯者年表

高祖定天下，功臣非同姓疆土而王者八国（齐王韩信、韩王韩信、燕王卢绾、梁王彭越、赵王张耳、淮南王英布、临江王共敖、长沙王吴芮）。

卷 23　礼书

至秦有天下，悉内六国礼仪，采择其善，虽不合圣制，其尊君抑臣，朝廷济济，依古以来。至于高祖，光有四海，叔孙通颇有所增益减损，大抵皆袭秦故。自天子称号，下至佐僚及宫室官名，少所变改。

孝文好道家之学。

晁错明于世务刑名。

卷 26　历书

高祖方纲纪大基，高后女主，皆未遑，故袭秦正朔服色。

鲁人公孙臣以终始五德上书，言汉得土德，宜更元，改正朔，易服色……张苍以为非是罢之。其后黄龙见成纪，张苍自黜，所欲论著不成，而新垣平以望气见，颇言正历服色事……

卷 30　平准书

汉初天子不能具钧驷，而将相或乘牛车，齐民无盖藏。

高祖乃令贾人不得衣丝乘车，重租税以困辱之。孝惠、高后时为天下初定，复弛商贾之律，然市井之子孙亦不得仕宦为吏。

吴王濞即山铸钱，富埒天子。

都鄙廪庾皆满，而府库余货财。京师之钱累巨万，贯朽而不可校。太仓之粟陈陈相因，充溢露积于外，至腐败不可食。众庶街巷有马，阡陌之间成群。

通西南夷道，作者数万人，千里负担馈粮，率十余钟致一石……又兴十万余人筑卫朔方，转漕甚辽远，自山东咸被其劳，费数十百巨万，库库益虚。

其后连年伐匈奴，捕斩首虏之士受赐黄金二十余万斤，虏数万人皆得厚赏，衣食仰给县官，而汉军之士马死者十余万，兵甲之财、转漕之费不与焉。于是大农陈藏钱经耗，赋税既竭，犹不足以奉战士，有司言：天子曰朕闻五帝之教不相复而治，禹汤之法不同道而王，所由殊路，而建德一也。此后可以买官赎罪。

淮南、衡山、江都三王之狱，坐死者数万人，长吏益惨急而法令明察。

此时富商大贾冶铸煮盐，财或累万金，而不佐国家之急，黎民重困，于是天子与公卿议，更钱造币以赡用，而摧浮淫兼并之徒。

（经济改革之始，首先从货币改革入手，造皮币、白金、三铢钱，禁止私铸钱。）

吏民之盗铸白金者不可胜数。

（当时又磨镕三铢钱，故改作五铢。）

接着禁止私铸铁器煮盐，浮食奇民欲擅管山海之货，以致富羡，役利细民。其沮事之议，不可胜听。

（改革的范围扩大，斗争激化，而桑弘羊等用商人为吏。

缗钱是工商业税和车税。）

又有富家输财助边，是时富豪皆争匿财。

再接着实行均输法，国家贸易。

赦吏民之坐盗铸金钱死者数十万人。其不发觉相杀者不可胜计，赦自出者百余万人。然不能半自出，天下大抵无虑皆铸金钱矣。犯者众，吏不能尽诛取。

诛颜异，张汤死。

再次改革，禁郡国铸钱，专令上林三官铸。

杨可告缗遍天下，中家以上大抵皆遇告。杜周治之，狱少反者……商贾中家以上大率破。

屯田措施，上郡、朔方、西河、河西开田官，斥塞卒六十万人戍田之。

酎金。

卜式见郡国多不便县官作盐铁，铁器苦恶，贾贵，或强令民卖买之，而船有算，商者少，物贵，乃因孔仅言船算事，上由是不悦卜式。

桑弘羊行平准，富商大贾无所牟大利。天子巡游，钱金以巨万计，皆取足于大农。

弘羊又令吏得入粟输官，一岁之中太仓、甘泉仓满，边余谷诸物均输帛五百万匹。民不益赋而天下用饶。

卜式言，今弘羊令吏坐市列肆，贩物求利，烹弘羊，天乃雨。

卷 49　外戚世家

窦太后好黄帝、老子言，帝及太子、诸窦不得不读黄帝、老子，尊其书。

武帝赐修成君钱千万，奴婢三百人，公田百顷。

卷 50　楚元王世家

七国乱时，赵王遂欲勾结匈奴，与连和攻汉。因早败，匈奴闻之亦止，不肯入汉边。

卷 51　荆燕世家

高祖六年始封同姓王，立刘贾为荆王，王淮东五十二城；高祖弟交为楚王，王淮西三十六城。因立子肥为齐王（七十余城），始王昆弟刘氏也。

卷 53　萧相国世家

刘邦疑萧何多受贾人财物。

卷 54　曹相国世家

曹参相齐，诸儒以百数，言人人殊，参未知所定。闻胶西有盖公，善治黄老言……盖公为言治道，贵清静而民自定，推此类具言之。参于是避正堂，舍盖公焉，其治要用黄老术。

曹参为相，举事无所变更，遵萧何约束，择郡国吏，木诎于文辞，重厚长者，即召除为丞相史，吏之言文刻深欲务声名者，辄斥去之。

曹参言，高祖与萧何定天下，法令既明。今陛下垂拱，参等守职，遵而勿失，不亦可乎？

卷 55　留侯世家

张良劝刘邦勿立六国后。

刘邦轻士善骂。

卷 56　陈丞相世家

陈丞相平，少时本好黄帝、老子之术。

卷 57　绛侯周勃世家

周勃不好文学，每召诸生说士，东乡坐而责之。

卷 58　梁孝王世家

梁为大国，居天下膏腴地。……四十余城，皆多大县。……梁孝王大造宫室，广园囿，得赐天子旌旗，出从千人万骑，东西驰猎，拟于天子……招延四方豪杰，自山以东游说之士莫不毕至。齐人羊胜、公孙诡、邹阳之属……梁多作兵器弩弓矛数十万，而府库金钱且百巨万，珠玉宝器多于京师。

帝召袁盎诸大臣通经术者。

卷 59　五宗世家

河间献王德好儒学，被服造次，必于儒者，山东诸儒多从之游。

赵王彭祖好法律，不好治宫室机祥，好为吏事。

武帝时诸侯贫者，或乘牛车。

卷 89　张耳陈余列传

陈余好儒术。

卷 91　黥布列传

刘邦称随何为腐儒，为天下安用腐儒?

卷 92　淮阴侯列传

成安君（陈余），儒者也。

卷 93　韩信卢绾列传

助陈豨反者王黄、曼丘臣皆故贾人。

陈豨招致宾客而下士，名声过实。

卷 96　张丞相列传

张苍秦时为御史，主柱下方书，明习天下图书计籍，善用算律历。

韦贤以读书术为吏。

魏相以文吏至丞相。

邴吉以读书好法令。

黄霸以读书为吏。治颍川，道不拾遗，男女异路，狱中无重囚。

韦玄成少时读书，明于《诗》、《论语》。其治容容，随世俗浮沉，而见谓谄巧。

匡衡好读书，从博士受《诗》。十年之间，不出长安城门。侍元帝读《诗》，居殿中为师，以此起家。

卷 97　郦生陆贾列传

沛公不好儒，诸客冠儒冠来者，沛公辄解其冠，溲溺其中。

陆生时时前说称《诗》、《书》，高帝骂之曰："乃公居马上而得之，安事《诗》、《书》!"

卷 99　刘敬叔孙通列传

从刘敬策，取家人子名为长公主，妻单于（约在汉 7—8 年）。

匈奴去长安还者七百里，轻骑一日一夜可以至秦中。

叔孙通秦时以文学征，待诏博士。

叔孙通儒服，汉王憎之，乃变其服，服短衣，楚制，汉王喜。

叔孙通之降汉，从儒生弟子百余人。

刘邦在定陶称帝，叔孙通就其仪号，高帝悉去秦苛仪法，为简易。

叔孙通称，夫儒者难与进取，可与守成。五帝异乐，三王不同礼。臣愿颇采古礼与秦仪杂就之。

叔孙通斥鲁二生鄙儒也，不知时变。

诸生乃皆喜曰，叔孙子诚圣人也，知当世之要务。

卷 100　季布栾布列传

季布逃匿，改扮成奴隶，混在几十个奴隶中，一起卖给朱家。

栾布为人所略卖，为奴于燕。

卷 101　袁盎晁错列传

袁盎曾为齐相、吴相。

盎素不好晁错，晁错所居坐，盎去；盎坐，错亦去。两人未尝同堂语……晁错为御史大夫，使吏案袁盎受吴王财物，抵罪，诏赦以为庶人。

吴、楚反，晁错说，袁盎多受吴王金钱，专为蔽匿，言不反。今果反，欲请治盎宜知计谋。……晁错犹与未决。

盎因窦婴见上，言吴所以反状，以错故，独急斩错以谢吴，吴兵乃可罢。

使袁盎为太常，窦婴为大将军，两人素相与善。

晁错学申商刑名于轵张恢先所，与雒阳宋孟及刘礼同师。

受《尚书》于伏生。

数上书孝文时，言削诸侯事，及法令可更定者。书数十上，孝文不听，然奇其材。

任为御史大夫，请诸侯之罪过，削其地，将其枝郡。奏上，上令公卿列侯宗室集议，莫敢难，独窦婴争之，由此与错有郤。错所更令三十章，诸侯皆喧哗疾晁错。

卷 103　万石张叔列传

王臧以文学获罪。皇太后以为儒者文多质少。

张叔（欧）孝文时以治刑名言。

卷 106　吴王濞列传

汉十一年，刘濞封吴王，王三郡五十三城。吴有豫章郡铜山，濞则招致天下亡命者盗铸钱，煮海水为盐，以故无赋，国用富饶。

晁错言高祖封三庶孽，分天下半。现吴王称病不朝，铸钱煮盐，诱天下亡人谋作乱，今削之亦反，不削之亦反，削小其反亟祸小，不削反迟祸大。

景帝纳其言，削楚、吴、赵、胶西四郡及六县地。

赵王遂亦反，阴使匈奴与连兵。

吴王发二十万兵，东越亦发兵从。

吴王檄中对十个诸侯王说，自己地方三千里，精兵五十万，南越可出兵三十万，燕王、赵王固与胡王有约，燕王北定代、云中，抟胡众入萧关，走长安。

号召存亡继绝，振弱伐暴。

袁盎向文帝进谗，此段较详。

吴王濞为东越所杀，其子子华、子驹逃闽越。

卷 107　魏其武安侯列传

窦婴，孝文后从兄子，喜宾客，为吴相。

七国兵已尽破，封婴为魏其侯，诸游士宾客争归魏其侯。

景帝瞧不起他，说他沾沾自喜。

魏其、武安俱好儒术，推毂赵绾为御史大夫，王臧为郎中令。迎鲁申公，欲设明堂……以礼为服制……太后好黄老之言，而魏其、武安、赵绾、王臧等务隆推儒术，贬道家言。建元二年，赵绾请无奏事东宫，窦太后大怒，乃罢逐赵绾、王臧等，而免丞相、太尉。

但田蚡因是帝舅，仍有势力，窦太后死，田为相。

武帝与田蚡矛盾。

田蚡对淮南王安说，上未有太子，大王最贤，高祖孙，即宫车晏驾，非大王立当谁哉！淮南王大喜，厚遗金财宝。

卷 108　韩长孺列传

韩安国尝受韩子、杂家说于驺田生所。

安国以五百金贿田蚡，得为都尉，迁大司农。

对付匈奴的争论，建元六年。

匈奴请和亲。王恢认为，几年匈奴就背约，不如用兵。安国以为，长途出兵，劳师縻饷，兵不获利，不如和亲。群臣汉者多附安国。于是上许和亲。

明年（元光元年）。

卷 110　匈奴列传

汉兵 32 万，刘邦率以征匈奴，被围平城七日。

高帝使刘敬奉宗室女公主为单于阏氏，岁奉匈奴絮缯酒米食物各有数，约为昆弟以和亲。

匈奴先后与韩王信、陈豨、燕王卢绾勾结。

匈奴给吕后书信，戏侮吕后，吕后无力击之，仍与和亲。

文帝时仍和亲，遣宗室女公主为单于阏氏。

每年送匈奴缯絮米糵，不备，苦恶，则候秋熟，以骑驰蹂而稼穑耳。

文帝十四年，匈奴 14 万骑从陇东（北地）前哨到雍（离长安三百里）。汉军动员出兵，匈奴留月余出塞，汉兵不能有所杀。岁入边，杀略人民畜产甚多，云中、辽东最甚。

孝文后六年冬，匈奴六万入上郡、云中（陕北），所杀略甚众。

汉从陕西、甘肃到长安，设六将军。

景帝时吴、楚反，匈奴欲与赵合谋入边，后复与和亲，通关市，给遗匈奴。

武帝初仍和亲，厚遇，通关市，饶给之。

马邑之事（133 B.C.）。

129 B.C.，四将军击匈奴，胜败相当（卫青、公孙贺、公孙敖、李广）。

128 B.C.，匈奴归辽东，围韩安国，又入雁门，卫青、李息抗击。

127 B.C.，卫青出击，取河南地，筑朔方。

(第一次出击。)

126 B.C.，匈奴入雁门。

125 B.C.，匈奴入代、定襄、上郡，扰朔方。

123 B.C.，卫青等六将军出朔方，败右贤王。

(从防御转入进攻，但互有进退。)

122 B. C.，六将军再出（十余万人）定襄。

121 B. C.，霍去病出陇西（万余骑)，匈奴亦入代、雁门。

浑邪王降汉，陇西、北地少寇。

120 B. C.，匈奴入右北平、定襄。

119 B. C.，卫青、霍去病十万余骑大举北上，战于漠北，单于向西北遁，是后漠南无王庭。

是后一度休战。

卷 112　平津侯主父列传

主父偃策，令诸侯得推恩分子弟，以地侯之……实分其国，不削而稍弱矣。

公孙弘阻城朔方，秦时常发三十万众筑北河，终不可就，已而弃之。

卷 114　东越列传

吴王子子驹亡走闽越，怨东瓯杀其父，常劝闽越击东瓯。至建元三年，闽越发兵围东瓯，东瓯食尽，困，且降，乃使人告急天子。天子问太尉田蚡，蚡对曰："越人相攻击，固其常，又数反覆，不足以烦中国往救也。自秦时弃弗属。"

庄助反驳。

卷 116　西南夷列传

唐通首通西南夷，至夜郎，设犍为郡，司马相如再至巴蜀，不久西南夷常反，公孙弘主弃之。

元狩时采张骞言，欲自西南夷通印度，至滇。

破南越后，西南夷咸平，置越嶲四郡。元封二年以兵临滇，立益州郡。

卷 117　司马相如传

卓王孙家僮八百人，程郑亦数百人。

卷 118　淮南衡山列传

淮南厉王谋反，亦使人勾结闽越、匈奴。

淮南厉王出入拟于天子，擅为法令，擅赐爵关内侯以下九十四人。

淮南王安好读书鼓琴。

田蚡说：“方今上无太子，大王亲高皇帝孙，行仁义，天下莫不闻，即宫车一日晏驾，非大王当谁立者!”淮南王大喜，厚遗武安侯金财物。

淮南王自言，吾行仁义见削，甚耻之。

卷 121　儒林列传

孝惠吕后时，公卿皆武力有功之臣……孝文帝本好刑名之言，及至孝景，不任儒者……故诸博士具官待问未有进者。

汉初：			
《诗》	申培公（鲁）	辕固生（齐）	韩婴（燕）
《尚书》	伏生（济南）		
《礼》	高堂生（鲁）		
《易》	田生（菑川）		
《春秋》	胡母生（齐鲁）	董仲舒（赵）	

汉初帝王之师，楚元王交师浮丘伯，其子郢、孙戊师申公培。申公弟子百余人，弟子有楚王及王臧，博士十余人。

公孙弘请立博士弟子五十人，自此以来，则公卿大夫士吏斌斌多文学之士矣。

辕固生是清河王太傅，诸齐人以《诗》显贵，皆固之弟子也。

韩生是常山王太傅。

法家也向儒家学，如晁错。张汤办事，找儒者兒宽帮助。

董仲舒学生多。

卷 122　酷吏列传

郅都行法不避贵戚。

赵禹与张汤论定诸律令。

汤每朝奏事，语国家用，日晏，天子忘食。丞相取充位，天下事皆决于汤。

张汤与狄山之争，狄山的理由是，从前都是和亲，不打仗，天下就富足了。

义纵直法行治，不避贵戚。

赵禹、张汤以深刻为九卿矣，然其治尚宽，辅法而行。

尹齐斩伐不避贵戚。

张汤的助手有赵禹、王温舒、尹齐、杜周。

杜周：当时为是，何古之法乎？

自张汤死后，网密，多诋严，官事浸以耗废，九卿碌碌奉其官，救过不赡，何暇论绳墨乎？

卷 126　滑稽列传

东方朔好古传书，爱经术。

卷 129　货殖列传

南阳孔子铁冶为业，连车骑，游诸侯。

刀间用奴隶，逐渔盐商贾之利，连车骑，交守相。

《盐铁论》

1.《本议》

文学请罢盐铁、酒榷、均输，理由是民趋末者众，应导之以仁义道德。

大夫认为盐铁等支持对外战争，以佐助边费，并调剂国内有无，赡农用，足民财。

文学反驳对匈奴贵以德而贱用兵……今废道德而任兵革，暴兵露师以支久长，转输粮食无已。

（阐明盐铁、均输、平准对民生国用的意义。）

2.《力耕》

此篇大夫言工商亦是利民的一个手段，而文学则反对，必须重农，工商只能使人民学坏。

文学说理民之道在于节用尚本，分土井田而已。

大夫：富国何必用本农，足民何必井田也？

3.《通有》

大夫以为工商可致富，通有无；文学以为节俭可致富，现在的问题是奢侈造成了贫困。

4.《错币》

俗弊更法。

大夫主张货币官铸，刀币无禁则奸贞并行，币由上则下不疑；文学争夺铸币权，诽谤官币，吏匠侵利，或不中式，高唱内不禁刀币以通民施。

5.《禁耕》

大夫主张盐铁官营，文学主张私营，官营为了抑豪强，私营为了便民用。

罢盐铁以资暴强，遂其贪心。

豪民擅其用而专其利。

县官笼而一之，则铁器失其宜，而农民失其便。

6.《复古》

大夫：浮食奇民，好欲擅山海之货，以致富业，役利细民，故沮事议者众。

往者豪强大家，得管山海之利，采铁石鼓铸，煮海为盐，一家聚众或至千余人……成奸伪之业，遂朋党之权。

大夫：古时名山大泽不以封，据此应杜绝豪强专利，且须伐匈奴。文学则说现在应当与民休息，反对敝诸复以役夷狄。

（1、2、3，是重农还是重工商？4、5、6，铸币盐铁是官营好还是私营好?）

7.《非鞅》

大夫赞秦商鞅内立法度，严刑罚，秦任商君，国以富强。

文学批判商鞅峭法长利，秦人不聊生。商鞅以重刑峭法为秦国基，故二世而夺。

（此段从盐铁转入商鞅，因盐铁官营从商鞅始。大夫以为商鞅变法而富强，文学则以为商鞅变法而秦亡。）

8.《晁错》

淮南、衡山修文学，招四方游士，山东儒墨咸聚于江淮之间，讲议集论，著书数十篇。

大夫认为晁错亦如商鞅冤死，文学说错不像鞅，而是人臣死其主。

（7、8 由盐铁官营引起官营的创始人商鞅，又由鞅之冤死而引出晁错冤死。）

9.《刺权》

大夫说禁盐铁可以加强中央权力，文学反驳这样一来形成官僚的奢侈。

10.《刺复》

至此，双方极不投机，大夫叹息儒者无用，而文学斥责政府不礼贤士。

斥儒信往而乖于今，道古而不合于世务。

公孙弘据周召之列而无益于治。

其后干戈不休，军旅相望，甲士糜弊，官用不足，故设险兴利之臣起。

11.《论儒》

大夫认为儒家无安国之术，不能根据时势而徒为高论；文学认为，儒家是坚守正道，不能扫道求客。

12.《忧边》

大夫认为，盐铁是为安边疆，儒家议论太不实际，且改武帝之政；文学认为，现在天下统一，边疆可不用兵，我们是主张治本，因时而变，未改武帝之政。

文学："蛮貊之人，不食之地……加之以德，施之以惠，北夷必内向"；夫夫讥儒生"发于畎亩，出于穷巷，不知冰水之寒"。

（9、10、11、12 转入对双方学派之批判，儒批法奢侈不礼贤，法批儒无用空谈。)

13.《园池》

大夫说开园池为国用，文学说这种做法只增加浪费。

14.《轻重》

大夫说搞了经济改革，国内外形势很好，文学说经济改革、国内外形势都不好。

“张廷尉论定律令，明法以绳天下，诛奸猾，绝并兼之徒，而强不凌弱，众不暴寡。大夫各运筹策，建国用，笼天下盐铁诸利，以排富商大贾，买官赎罪，换有余补不足，以齐黎民。是以兵革东西征伐，赋欲不增而用足。”

15.《未通》

御史言国家强，经济富，赋税轻，现人民有饥寒是不好好劳动之故；文学言赋税重，现在民不堪命。站在国家和豪强的不同立场发言。

16.《地广》

御史言内地应支援边疆，文学则言对外战争使内地人民困敝。

斥文学“能言而不能行，居下而讪上”。

(13、14、15、16，争论扩及土地奴隶。)

17.《贫富》

御史讥文学连自己谋生都不行，怎能治国；文学则说应讲仁义，不能谋生，但有更高的志向。

18.《毁学》

大夫强调利，讥文学不能居高位；文学则强调仁义，讥大夫居高位而刮民，最后必败。

文学批商鞅、吴起、李斯。

19.《褒贤》

大夫以智足与谋、权举当世为贤，讥儒生投机；文学认为服古之服，诵古之道为贤。

儒家攻苏秦、张仪、赵高、蒙恬，法家攻孔鲋、赵绾、王臧、主父偃、东方朔、袁盎、公孙弘。

（17、18、19，双方对各自的学说主张能力人格进行攻击，法家讥儒家无能，儒家讥法家卑劣言利。）

20.《相刺》

大夫讥儒学不得用是由于不知变革应时，文学认为这是君主的过错。

“今儒者释耒耜而学不验之语，旷日弥久而无益于理，往来浮游，不耕而食，不蚕而衣，巧伪良民，以夺农妨政。”

21.《殊路》

大夫从七十子讲到学没有什么用处，强调非学无以治身。

22.《讼贤》

大夫讥儒者无能而自以为了不起，故得祸，文学则赞美直道而行。

讥儒者“矜己而伐能，小知而巨牧，欲人之从己，不能以己从人，莫视而自见，莫贾而自贵”。

23.《遵道》

丞相史反对文学“随古不革，袭故不改”，文学则持百世不易之道。

儒者“饰虚言以乱实，道古以害今……众口嚣嚣，不可胜听”。

24.《论诽》

丞相史以文学为诽谤，文学自称直言而斥对方为谀。

兼及颜异、狄山。

25.《孝养》

丞相史讥文学无力孝养，怎能治国，由此展开孝的争论。法家认为：孝就是养亲、安亲，儒家以为孝就是尽礼。

陈余、伍被、主父偃、吕步舒皆儒家。

26.《刺议》

文学斥丞相史顺流以容身，从风以说上，强调执经守道。

（20—26，双方就学说主张、政治态度开论，法家攻儒不知变，儒攻法家谄谀。）

27.《利议》

大夫要求对时世之变有所用，文学仍提出崇礼义退财利，复往古之道，说自己所以不用是公卿大夫不识人。

大夫说："诸生无能出奇计，远图伐匈奴安边境之策，抱枯竹，守空言，不知趋舍之宜，时世之变，议论无所依，如膝痒而搔背，辩讼公门之下，汹汹不可胜听，如品即口以成事"，"文学桎梏于旧术"。

"孔丘斥逐于鲁君……以其首鼠多端，迂时而不要。故秦王燔去其术而不行，坑之渭中而不用。"

（27 似乎是又一轮的辩论，儒家标榜崇义退利，是这一轮的纲。以下儒家提出节俭、选贤、教化，均为内政问题。）

28.《国疾》

大夫转而询贤良，贤良对形势作估计，仍攻击国家"严急之征"。

"诸生訚訚争盐铁……欲反之于古而辅成仁义也。"

29.《散不足》

贤良攻击奢侈。

30.《救匮》

贤良说节俭崇礼就可挽救，大夫讥为空谈。

31.《箴石》

丞相说贤良只是争，提不出办法，贤良说你们不听建议，路狭。

32.《除狭》

贤良申说现在路狭，指吏途太滥，应选贤而器使之。

33.《疾贪》

大夫言吏途病在下级之贪，贤良说责任在上级，上级贪，又不教育下级，应缓刑重教。

34.《后刑》

大夫说刑是必要的，贤良说教更重要。

“教成而刑不施”。

35.《授时》

大夫言民情，应用刑，贤良言应先富民，不妨农时，富然后可教。

贤良说“富民易于适礼”。

大夫“妄予不为惠，惠恶者不为仁”。

(35 以下又转入政策问题，富民、盐铁、奢侈、对外……至 41 辩论告一段落，先罢郡国榷酤、关内铁官。)

36.《水旱》

贤良以水旱灾荒归咎官府，主张罢盐铁以富民；大夫说盐铁官营，与饥荒何涉；贤良说铁器不合规格，盐价太贵，私营才能促进农业生产。

贤良说“今县官作铁器，多苦恶，用费不省，卒徒烦而力作不尽”，“盐铁价贵，百姓不便”。

37.《崇礼》

接上文除雕琢，湛民以礼，大夫说这些费用是对外需要，贤良反驳，说喻德示威，惟贤臣良相，不在犬马珍怪。

贤良：“王者崇礼施德，上仁义而贱怪力”，“国有贤士，边境为之不害”。

38.《备胡》

贤良说对匈奴应以德，可以释备，匈奴是麋鹿，中国别管它，征匈奴所以力疲财乏；大夫指出匈奴侵扰边境，释备是“以黎民委敌”。

贤良：“用军于外，政败于内”，“秦所以亡者，以外备胡越而内亡其政也”，“以德安近而绥远”，“古者天子封畿千里，徭役五百里”。

39.《执务》

丞相言先王之道难复，贤良言公卿未思也，先王之道何远之有！要务在于上不苛扰，下不烦劳，各修其业。

40.《能言》

大夫讥贤良能言不能行，贤良认为能言还算好的。

41.《取下》

大夫责文学贤良利下损上，贤良说上下贫富太悬殊，应行仁义，则民乐为用。

42.《击之》

大夫言现匈奴孤弱，有机可乘，应出兵击之；文学言应偃兵休士，厚币结和，亲修文德。

43.《结和》

大夫言和亲已受欺骗，怎能不用武？这是匡难避害，以为移民远虑；文学言打仗就劳民，秦以此亡，不如两主好合，内外交通，天下安宁，世世无患。

贤良说秦伐匈奴“人罢极而主不恤，国内溃而上不和”。

44.《诛秦》

大夫言秦立帝号朝四夷是靠武力，中国怎能坐视边境受侵不用武力？文学言秦力尽而灭，只有靠德，蛮貊自至。

“不务积德而务相侵，构兵争强，而卒俱亡。”

45.《伐功》

文学指责桑弘羊力主征匈奴，据西域，执政十余年无效。

“匈奴久未服者，群臣不并力，上下未谐故也。”

贤良：“不爱民之死，力尽而溃叛者，秦王是也。”

46.《西域》

大夫说通西域是为攻匈奴，今西域已通，匈奴疲弱，不攻匈奴，功亏一篑；贤良说匈奴地大，攻打之三军疲惫，而无所获利，反而会引起国内起义。

文学：征匈奴“师旅相望，郡国并发，黎人困苦，奸伪萌生，盗贼并起”。

47.《世务》

文学斥贤良是空谈，必须备战；贤良仍坚持，去武行文，废力尚德，罢关梁，除障塞，以仁义导之。

贤良：“任德……远国不召而自至，任力则近者不亲，小国不附。”

大夫：“匈奴贪狠……而欲以诚信之心金帛之宝，而信无义之诈。”

48.《和亲》

大夫说和亲靠不住，撤边防必定引起匈奴入侵；文学说四海之内皆兄弟，世无不可化之民，为政务以德亲远，不必担心匈奴侵扰。

大夫："匈奴数和亲，而常先犯约，贪侵盗驱……反复无信，百约百叛。"

49.《繇役》

大夫说用兵对外是必要的，饬四境所以安中国；贤良说文可长用，武难久行，今中国为一统而方内不安，徭役远而外内烦。

大夫："自古明王不能无征伐而服不义"；文学："画地为境，人莫之犯"，"以义取之，以德守之"，"秦以力取之，以法守之，本末不得，故亡"。

50.《险固》

大夫说必有地利而后可以王霸，文学强调地利不如人和，阻险不如阻义。

大夫："有备则制人，无备则制于人"，"羌胡近于边，今不取，必为四境长患"。

文学："以行义为阻，道德为塞，贤人为兵，圣人为守，则莫能入"，"行善则昌，行恶则亡，王者博爱远施，外内合同"。

51.《论勇》

大夫说内据金城，外任利兵，得勇士，可破匈奴；文学言以道德为城，仁义为郭，道德为胄，仁义为剑，莫之敢当。

文学："得贤圣而蛮貊来享。"

52.《论功》

大夫言征匈奴可操胜算，应乘有力量时，攻克之；文学言攻匈奴未必有把握。

文学："兵者凶器，不可轻用也"，"不牧之地不羁之民，圣王不加兵，不事力焉，以为不足烦百姓而劳中国也"。

53.《论邹》

大夫引邹衍大九州之说为政府开拓疆土辩护，文学引秦始皇并六国而亡失三十六郡以捍之。

（42至53均论对匈奴之策。）

54.《论灾》

文学言灾变阴阳，强调重德轻刑。

文学："好行善者，天助以福，符瑞是也；好行恶者，天报以祸，妖灾是也"，"兵者凶器也，甲坚兵利，为天下殃"，"以己之所恶而施于人，是以国家破灭，身受其殃，秦王是也"。

55.《刑德》

大夫主张重法，文学主张笃教。

大夫："令严而民慎，法设而奸禁。"

文学："法令众，民不知所辟"，"治民之道，务笃其教"，"爱人以顺天"，"今废仁义之术而任刑名之徒，则复吴秦之事也"，"为君者法三王，为相者法周公，为术者法孔子，此百世不易之道也"。

56.《申韩》

大夫说法治是必需的，明理正法，奸邪之所恶而良好之福也；文学说现在的法陷不辜，累无罪，"一人有罪，州里惊骇，十家奔亡"。

大夫："吴子以法治楚、魏，申、商以法强秦、韩"，"无法势，虽贤人不能以为治；无甲兵，虽孙、吴不能以制敌"，"孔子倡以仁义而民不从"。

文学："商鞅反圣人之道，变乱秦俗，其后政耗乱而不能理"。

57.《周秦》

文学说现在的刑法太严厉，大夫说严刑民不敢犯禁。

58.《诏圣》

御史大夫言今古时势不同，不能不用法，严法则民不敢犯；文学说严刑峻法不能止民不作乱，只有行仁义。

御史："法弊而更制"，"明君据法，故能长制群下，而久守其国也"，

“儒者不知治世而善訾议”，“善言古者考之今”。

文学：“罢马不畏鞭箠，罢民不畏刑法”，“严刑峻法不可久也”，斥秦皇“上无德教，下无法则，任刑必诛”，“所行反古而悖民心”。

59.《大论》

仍是文学责大夫之法治。

大夫：“呻吟槁简，诵死人之语”，“文学所称圣知者，孔子也，治鲁不遂，见逐于齐，不用于卫，遇围于匡，困于陈蔡。夫知时不用犹说，强也；知困而不能已，贪也；不知见欺而往，愚也；困辱不能死，耻也。若此四者，庸民之所不为也，何况君子乎?”

摘录

1. 经

佐助边费，赡农用，足民财 1（此数字代表这几句在《盐铁论》中的篇序，下同）

足民何必井田 2

刀币无禁，则奸贞并行，币由上则下不疑 4

罢盐铁以资暴强，遂其贪心，豪民擅其用而专其利 5

浮食奇民，好欲擅山海之货，以致富业，役利细民，故沮事议者众，豪强大家得管山海之利，采铁石鼓铸，煮海为盐，一家聚众或至千余人 6

大夫难罢盐铁，忧国家之用，边境之费 28

有司请总盐铁，一其用，平其贾，以便百姓公私 36

不轨之民困挠公利而欲擅山泽，从文学贤良之意则利归于下而县官无可为者，专欲损上徇下，亏主而适臣 41

节用尚本，分土井田 2

患僭移之无究 3

吏臣侵利或不中式，内不禁刀币以通民施 4

县官笼而一之，则铁器失其宜而农民失其便 5

与商贾争市利，非所以明主德而相国家 13

崇礼义，退财利，复往古之道，匡当世之失 27

废古术，隳旧礼，专任刑法，塞士之涂，壅人之口，道谀日进而上不闻其过，此秦所以失天下而殒社稷 24

君子急于教，缓于刑 33

教成而刑不施 34

不爱民之死，力尽而溃叛者，秦王是也 45

以义取之，以德守之，秦以力取之，以法守之，本末不得，故亡 49

兵者凶器也，甲坚兵利为天下殃 54

以己之所恶而施于人，是以国家破灭，身受其殃，秦王是也 54

法令众，民不知所辟，治民之道，务笃其教，爱人以顺天，今废仁义之术而任刑名之徒，则复吴秦之事也 55

网漏吞舟之鱼 54

德教废而诈伪行，礼义坏而奸邪兴 55

法者，缘人情而制 55

严刑峻法不可久也 58

峭法长利，秦人不聊生，重刑峭法为秦国基，故二世而夺 7

批商鞅、吴起、李斯 18

今之有司，盗主财而食之于刑法之旁 18

2. 匈奴

边境强则中国安 16

文学不能治内，安能理外 17

匈奴公为寇，侵扰边境 38

今不征伐，则暴害不息；不备，则是以黎民委敌 38

今四夷内侵，不攘，万世必有长患，所以匡难辟害，以为黎民远虑 43

力多则人朝，力寡则朝于人 44

中国与边境，犹肢体与腹心，无边境则内国害 44

匈奴久未服者，群臣不并力，上下未谐故也 45

匈奴贪狠，而欲以诚信之心，金帛之宝，而信无义之诈 47

匈奴数和亲，而常先犯约，贪侵盗驱，反复无信，百约百叛 48

自古明王不能无征伐而服不义 49

有备则制人，无备则制于人 50

3. 刑德

虽言仁义，亦不足贵 18

刑所以正民，锄所以别苗 34

妄予不为惠，惠恶者不为仁 35

令严而民慎，法设而奸禁 55

明君据法，故能长制群下而久守其国也 58

4. 儒法

俗弊更法 4

秦任商君，国以富强，内立法度，严刑罚 7

信往而乖于今，道古而不合于世务，公孙弘处周、召之列而无益于治 10

发于畎亩，出于穷巷，不知冰水之寒 12

孟轲守旧术，不知世务，孔子能方不能圆 11

张廷尉论定律令，大夫君运筹策，赋敛不增而用足 14

能言而不能行，居下而讪上 16

儒者释耒耜而学不验之语，旷日弥久，而无益于治，不耕而食，不蚕而衣，巧伪良民，以夺农妨政 20

七十子之徒，负荷而随孔子，不耕而学，乱乃念滋，故玉屑满箧，不为有宝，诗书负笈，不为有道 20

矜己而伐能，小知而巨收，欲人之从己，不能以己之从人 22

饰虚言以乱实，道古以害今，众口嚣嚣，不可胜听 23

诸生无能出奇计，抱枯竹，守空言，不知趋舍之宜，时世之变，汹汹不可胜听 27

文学桎梏于旧术，孔丘斥逐于鲁君，以其首鼠多端 27

儒者口能言治乱，而无能以行之 40

孔子倡以仁义而民从风 56

图书在版编目（CIP）数据

经史札记/戴逸辑. —北京：中国人民大学出版社，2016.8
（中华史学丛书）
ISBN 978-7-300-23192-1

Ⅰ. ①经… Ⅱ. ①戴… Ⅲ. ①读书笔记-中国-现代 Ⅳ. ①G792

中国版本图书馆 CIP 数据核字（2016）第 179227 号

中华史学丛书
经史札记
戴逸　辑
Jingshi Zhaji

出版发行	中国人民大学出版社		
社　　址	北京中关村大街 31 号	**邮政编码**	100080
电　　话	010－62511242（总编室）		010－62511770（质管部）
	010－82501766（邮购部）		010－62514148（门市部）
	010－62515195（发行公司）		010－62515275（盗版举报）
网　　址	http://www.crup.com.cn		
经　　销	新华书店		
印　　刷	天津中印联印务有限公司		
规　　格	160 mm×230 mm　16 开本	**版　　次**	2016 年 8 月第 1 版
印　　张	17.75 插页 2	**印　　次**	2023 年 4 月第 2 次印刷
字　　数	267 000	**定　　价**	76.00 元